AMERICAN LANDSCAPES

COLOR BY NUMBER COLORING BOOK

DIEGO JOURDAN PEREIRA

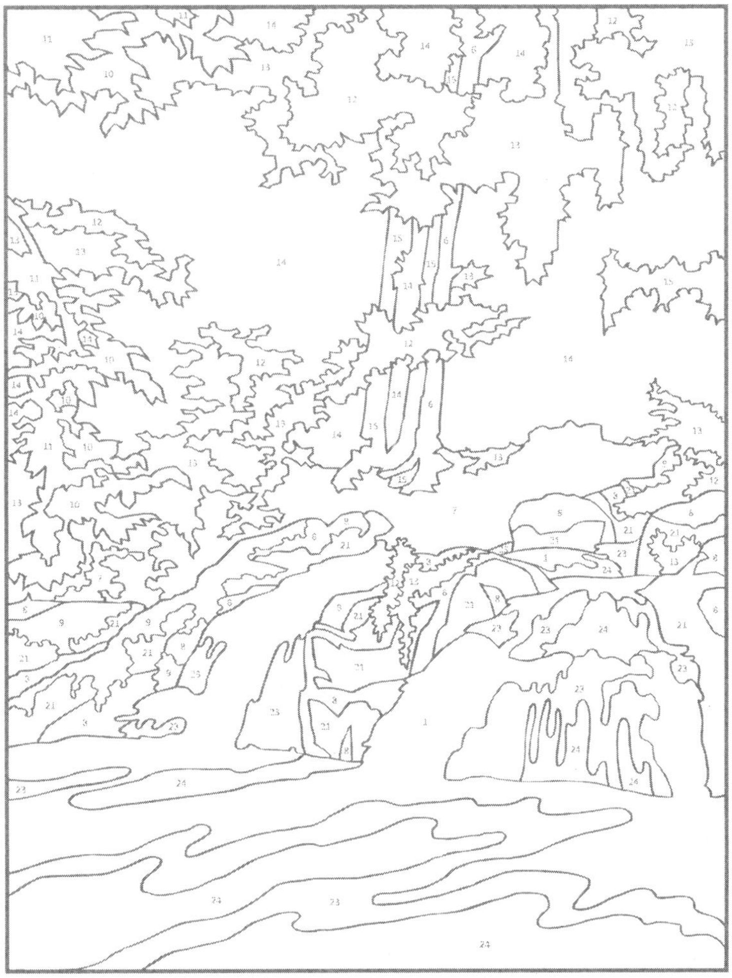

DOVER PUBLICATIONS, INC.
MINEOLA, NEW YORK

Bibliographical Note

American Landscapes Color by Number Coloring Book is a new work,
first published by Dover Publications, Inc., in 2015.

International Standard Book Number

ISBN-13: 978-0-486-79855-4
ISBN-10: 0-486-79855-0

Manufactured in the United States by Courier Corporation
79855001 2015
www.doverpublications.com

This coloring collection features forty-six full-page illustrations of beautiful American landscapes for you to color. Each plate is shown in full-color on the inside covers. You can duplicate these images simply by following the color guide found on the inside front cover, or choose your own colors for a more personal touch. As part of Dover's *Creative Haven* series for the experienced colorist, each plate is highly detailed, and enclosed in a border for a finished look. Plus, the perforated, unbacked pages offer you the opportunity to experiment with any media you like, and make displaying your work easy!

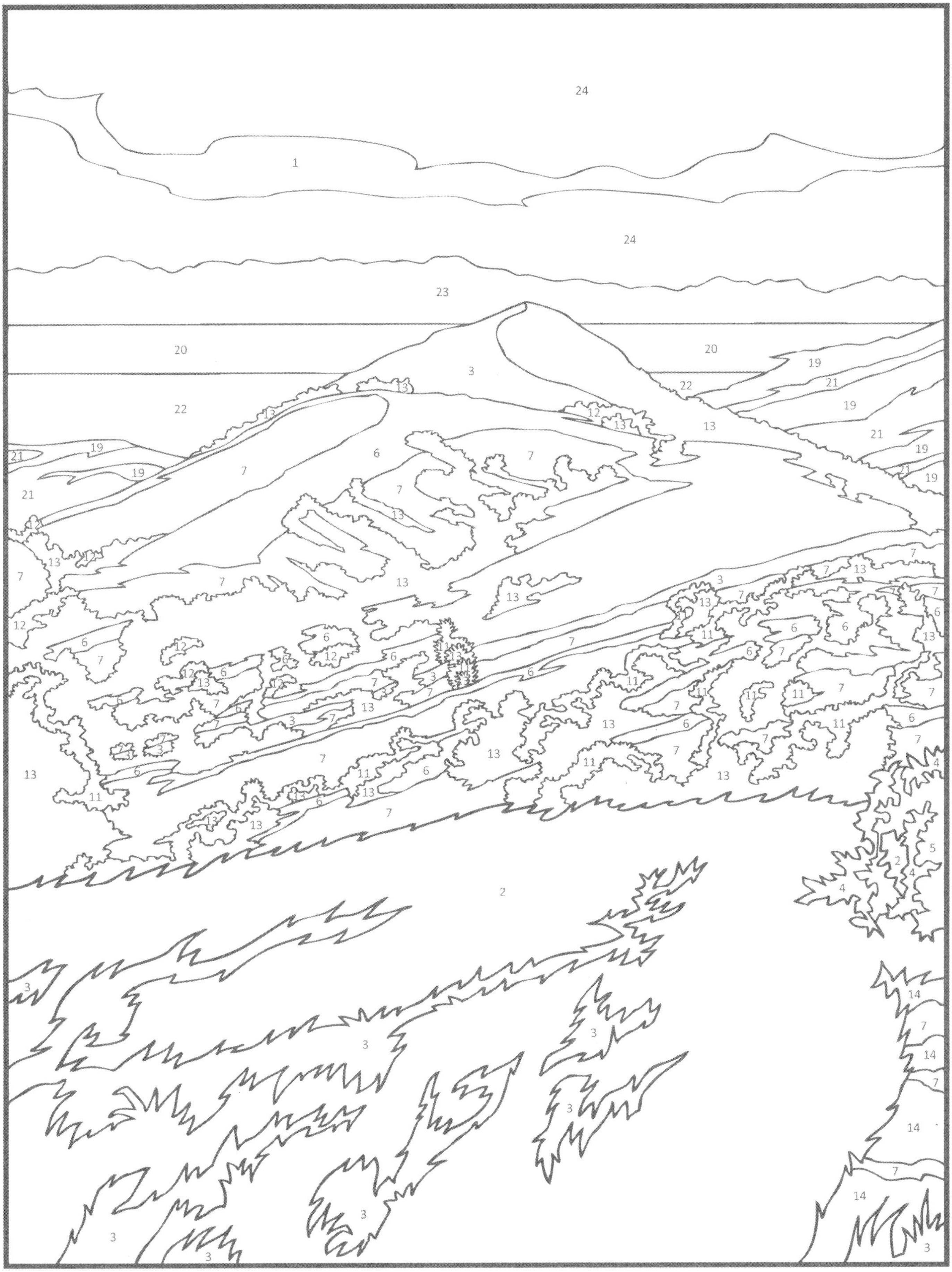

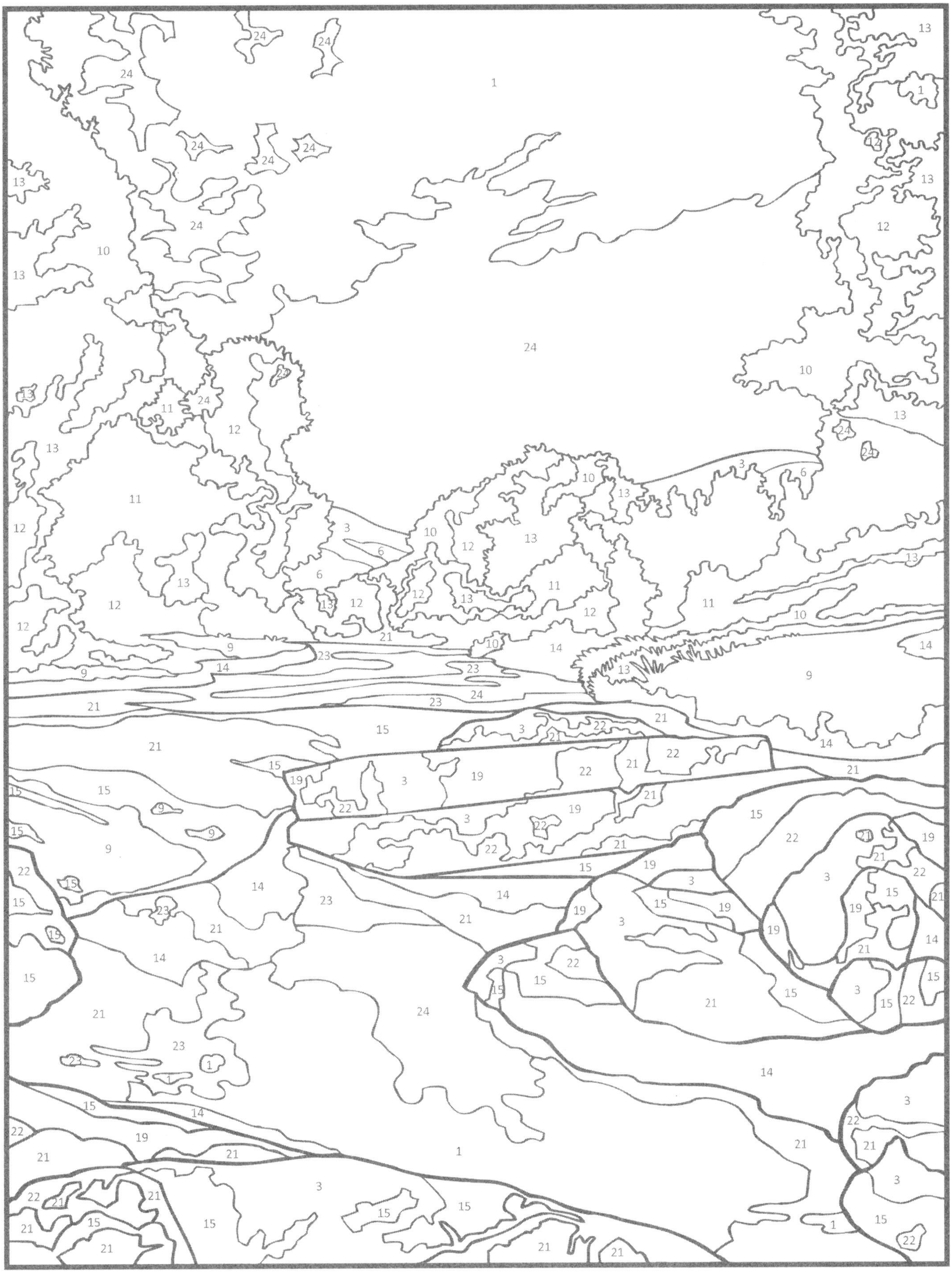

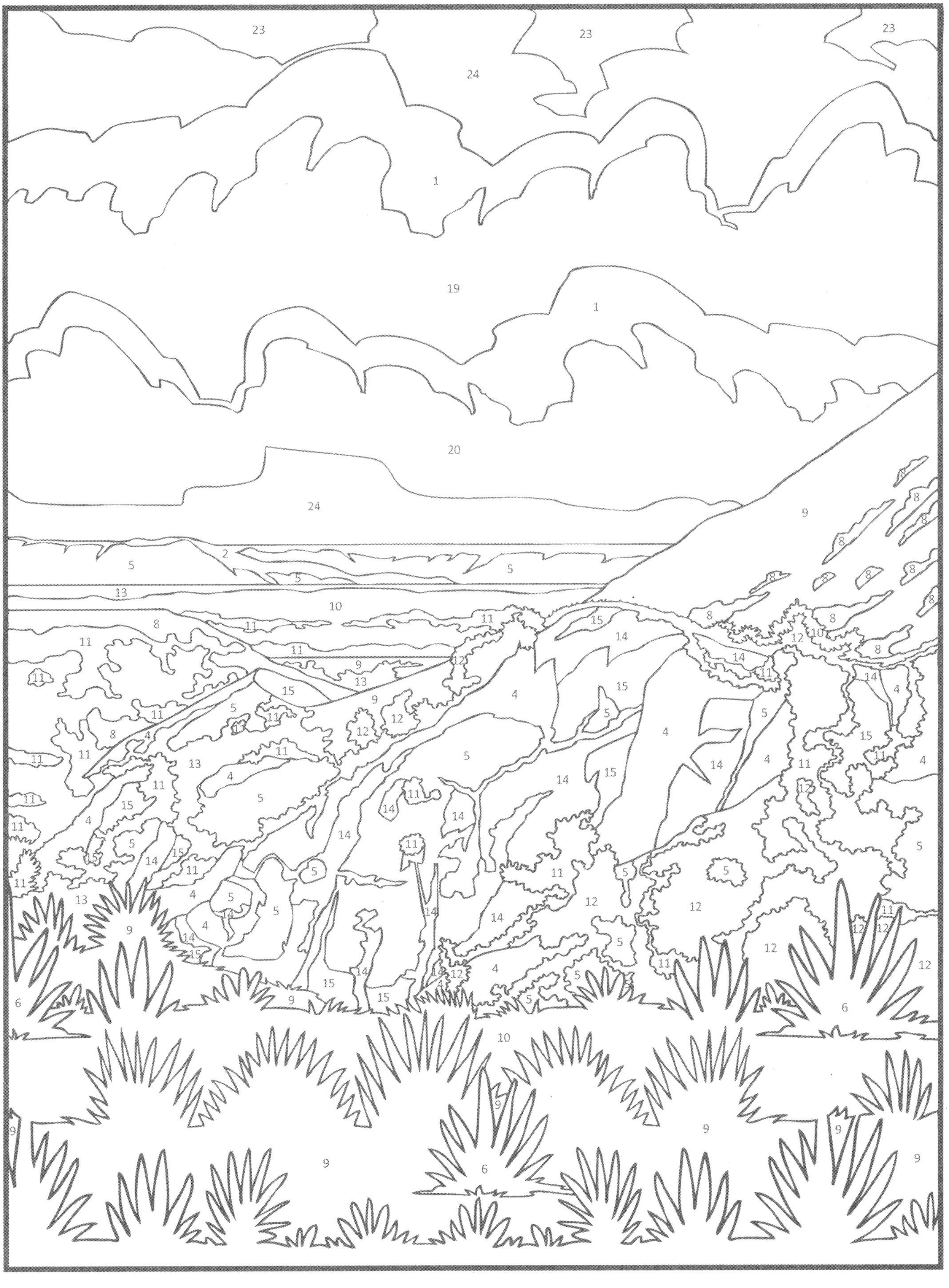

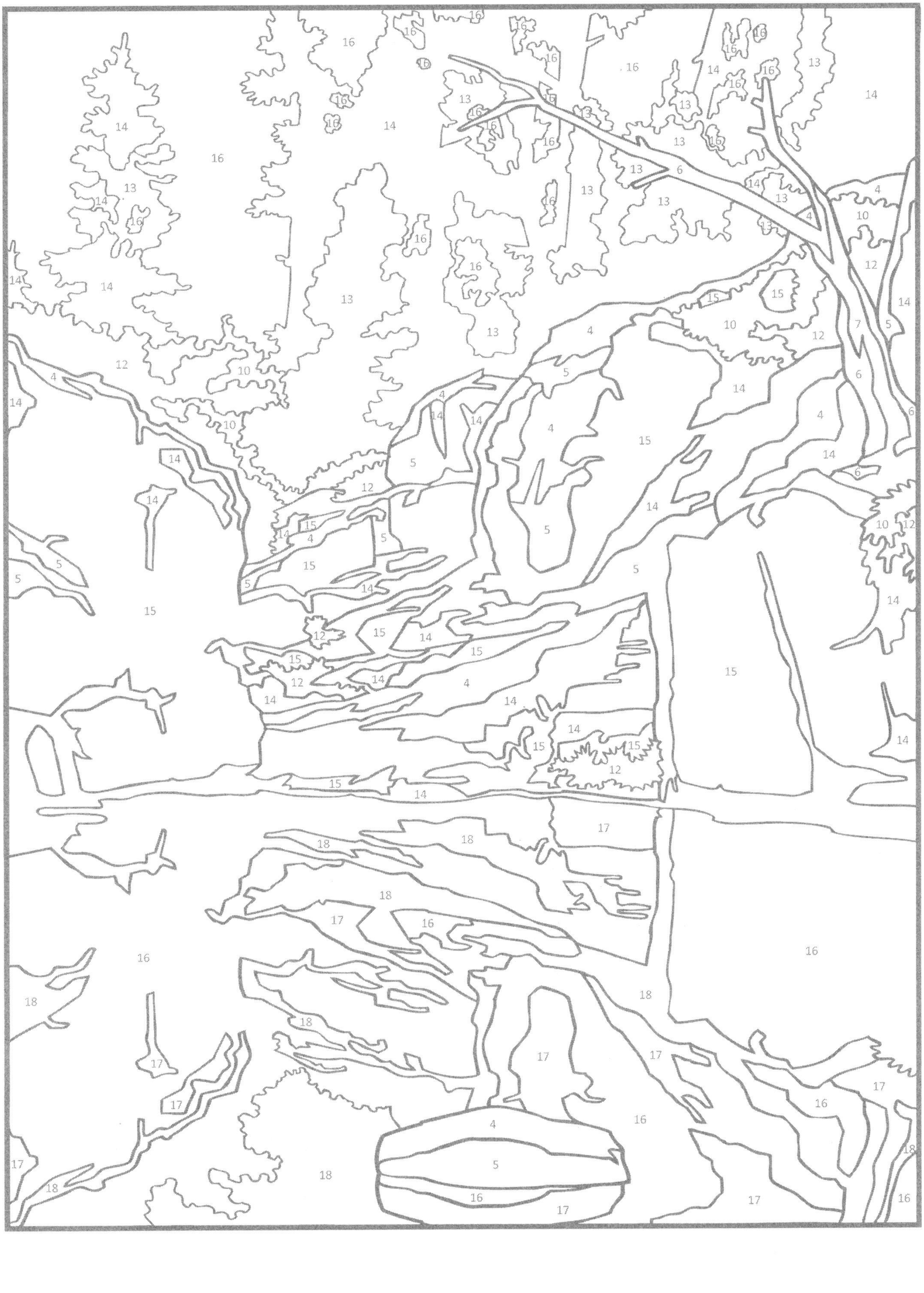

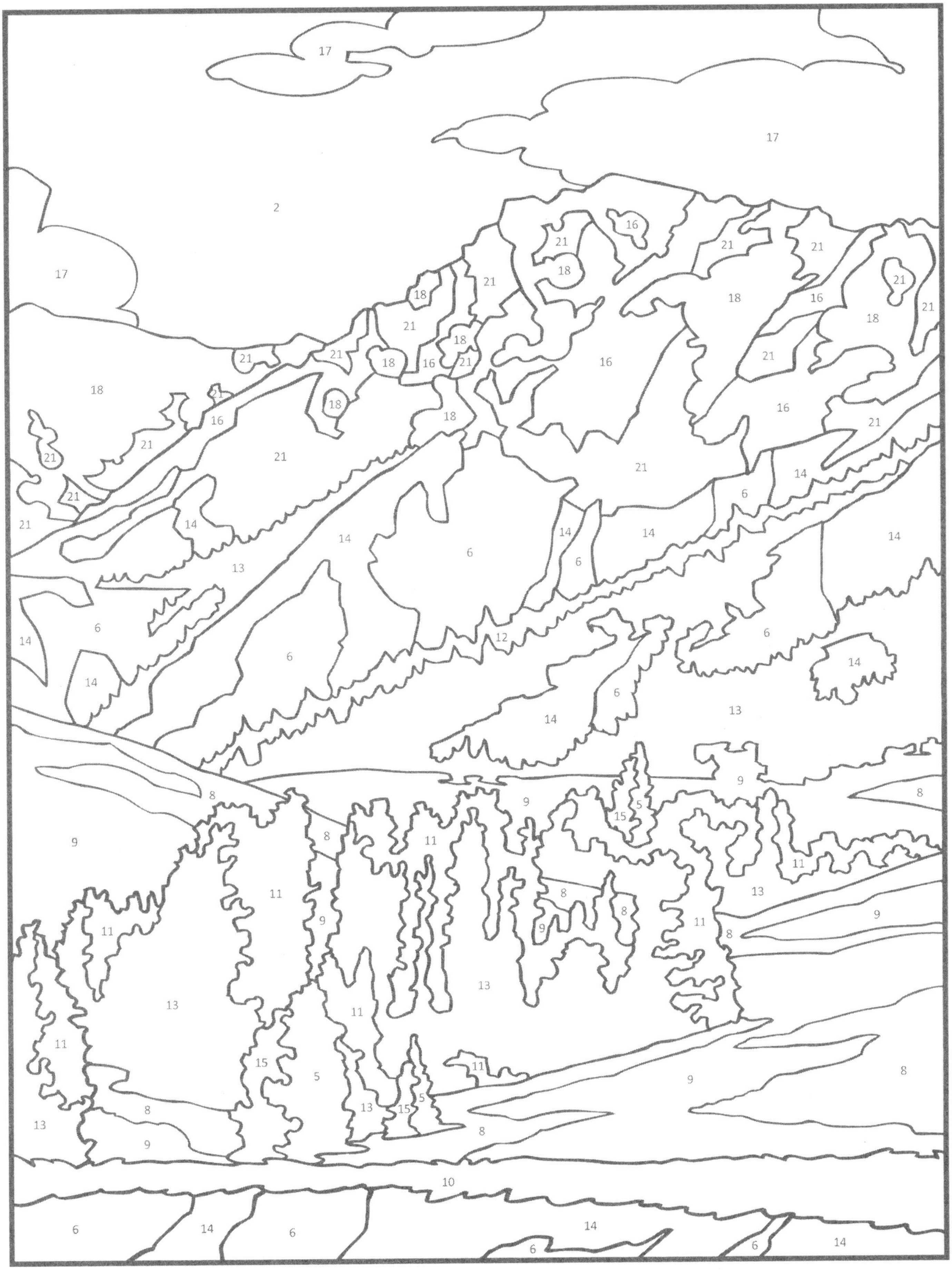
17
17
2
17
16
21
21
21
18
21
18
21
18
21
18
18
16
21
16
16
21
21
18
21
18
18
16
21
16
21
21
21
21
21
14
6
21
14
14
14
14
14
6
13
6
14
6
12
6
14
14
6
13
14
8
9
9
8
15
5
9
8
11
11
11
11
8
8
9
9
11
8
13
9
8
11
13
13
11
11
15
5
9
8
8
13
13
15
5
8
9
10
6
14
6
14
6
6
14

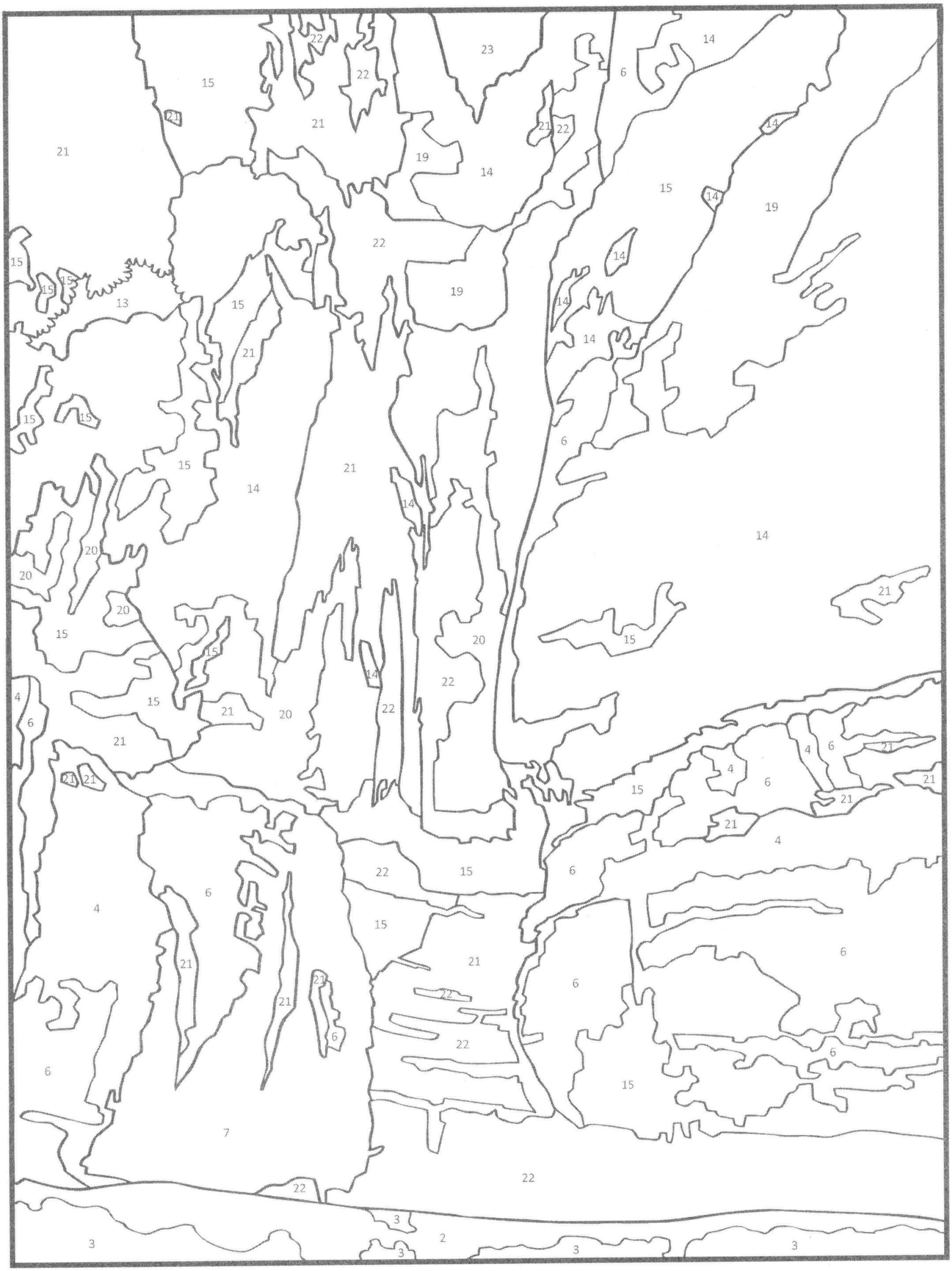
22
23
14
22
15
6
21
21
21
22
14
21
19
14
15
14
19
22
15
14
19
15
15
15
13
14
15
14
21
15
15
6
15
21
14
14
14
20
20
21
20
20
15
15
14
22
15
15
21
20
22
4
6
4
6
21
21
21
21
4
6
15
21
21
21
4
22
15
6
6
4
15
6
21
6
21
21
21
22
6
15
22
6
6
15
7
22
22
3
3
2
3
3
3

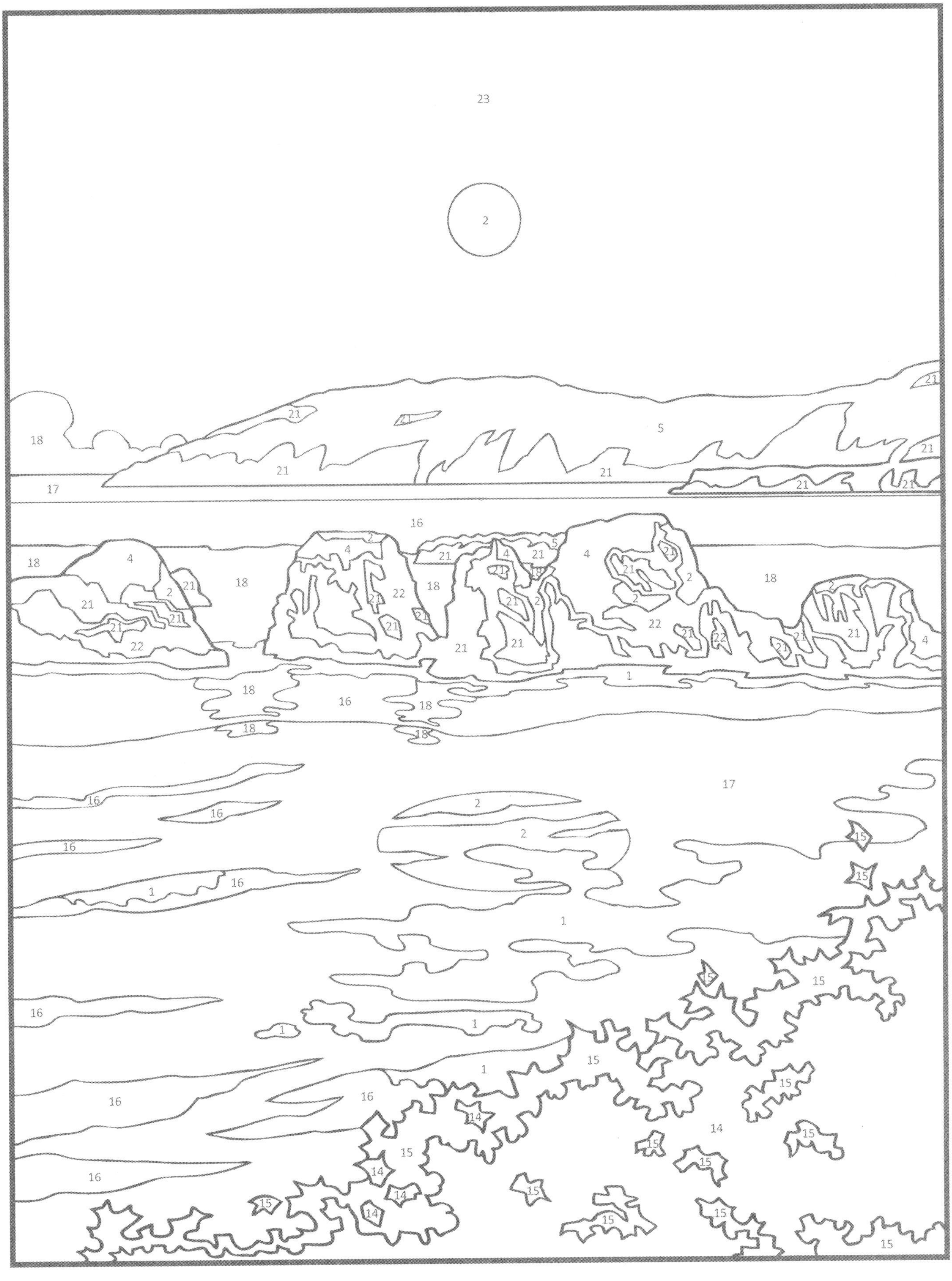

California Coastline, California

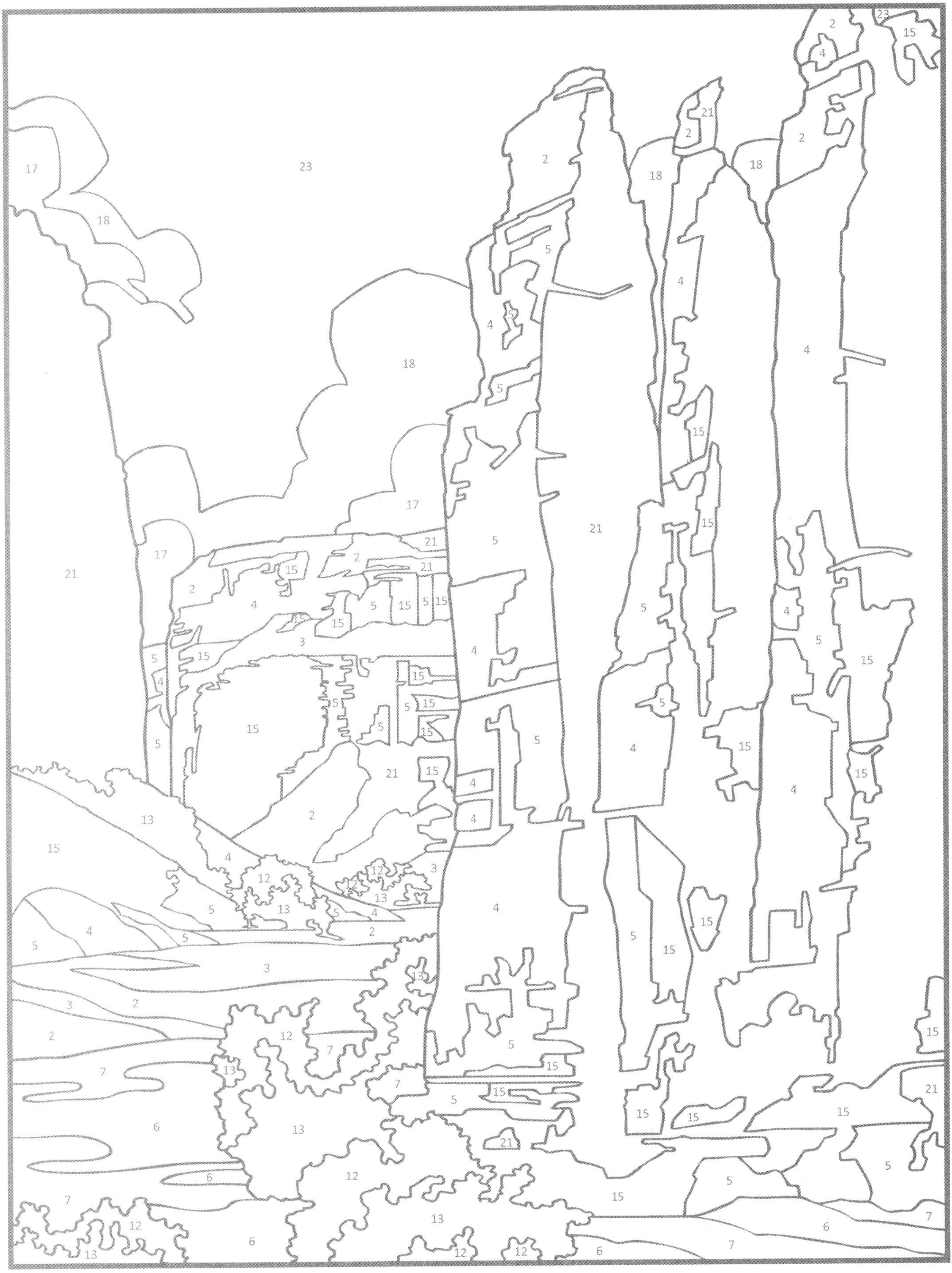

Canyon de Chelly, Arizona

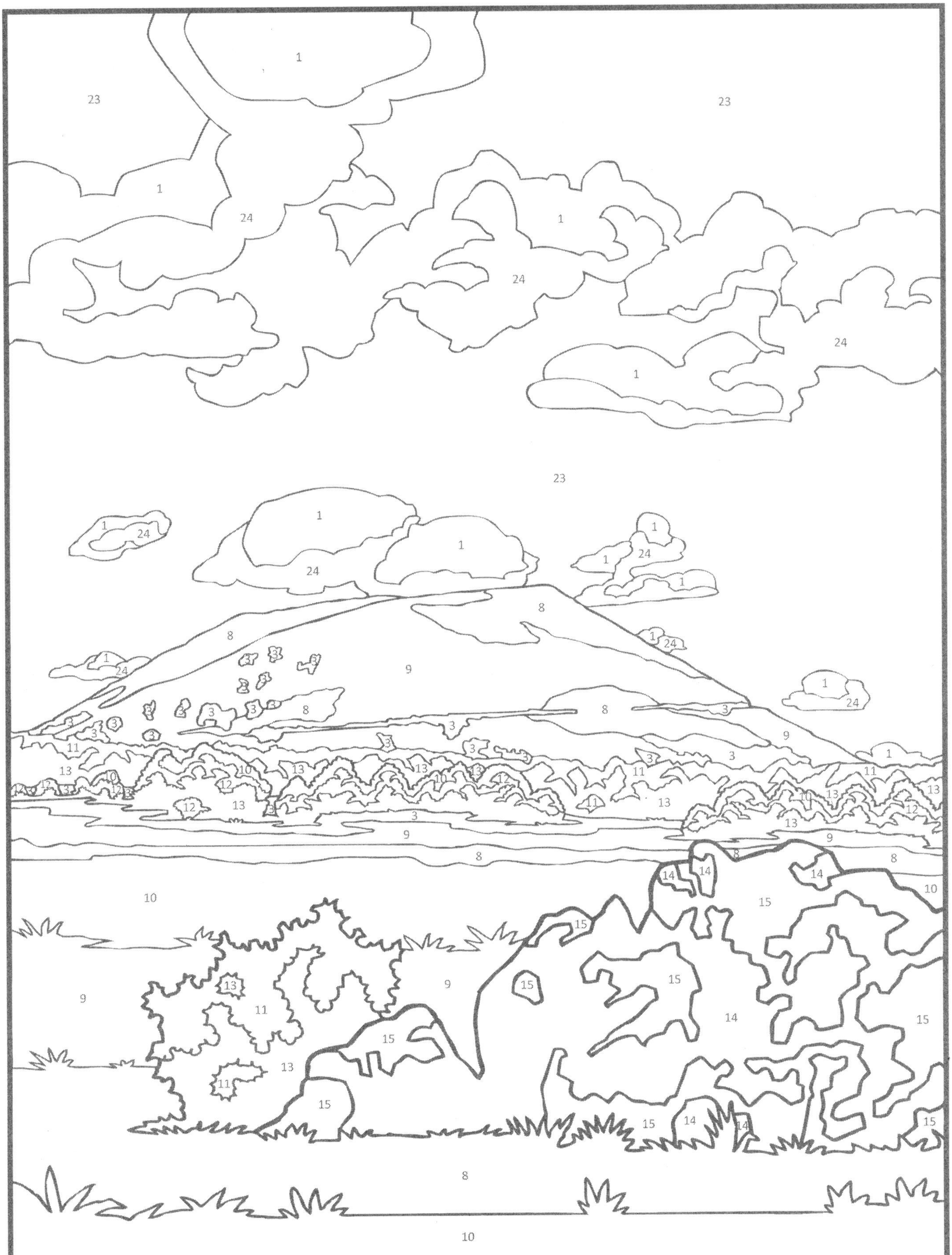

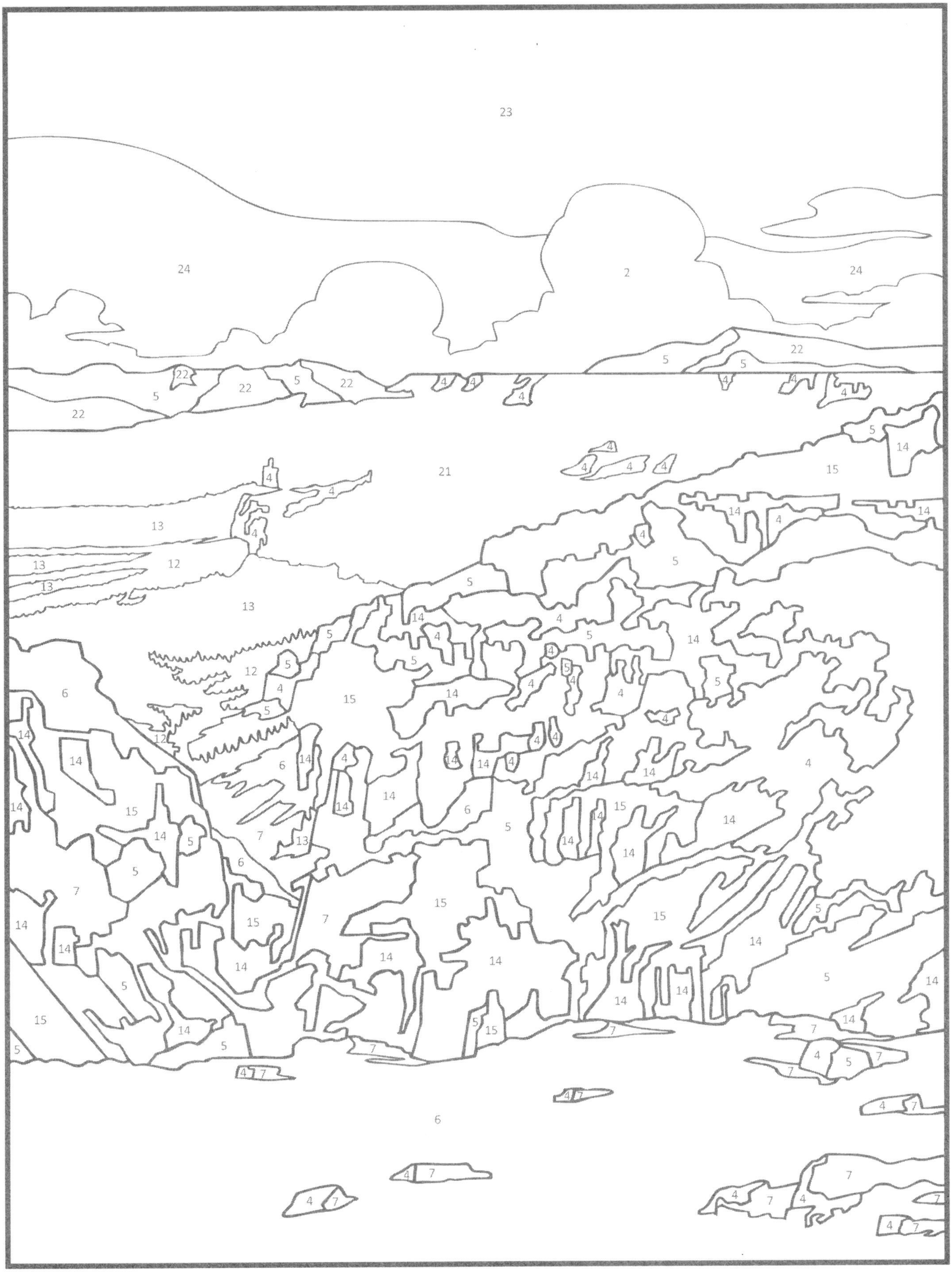

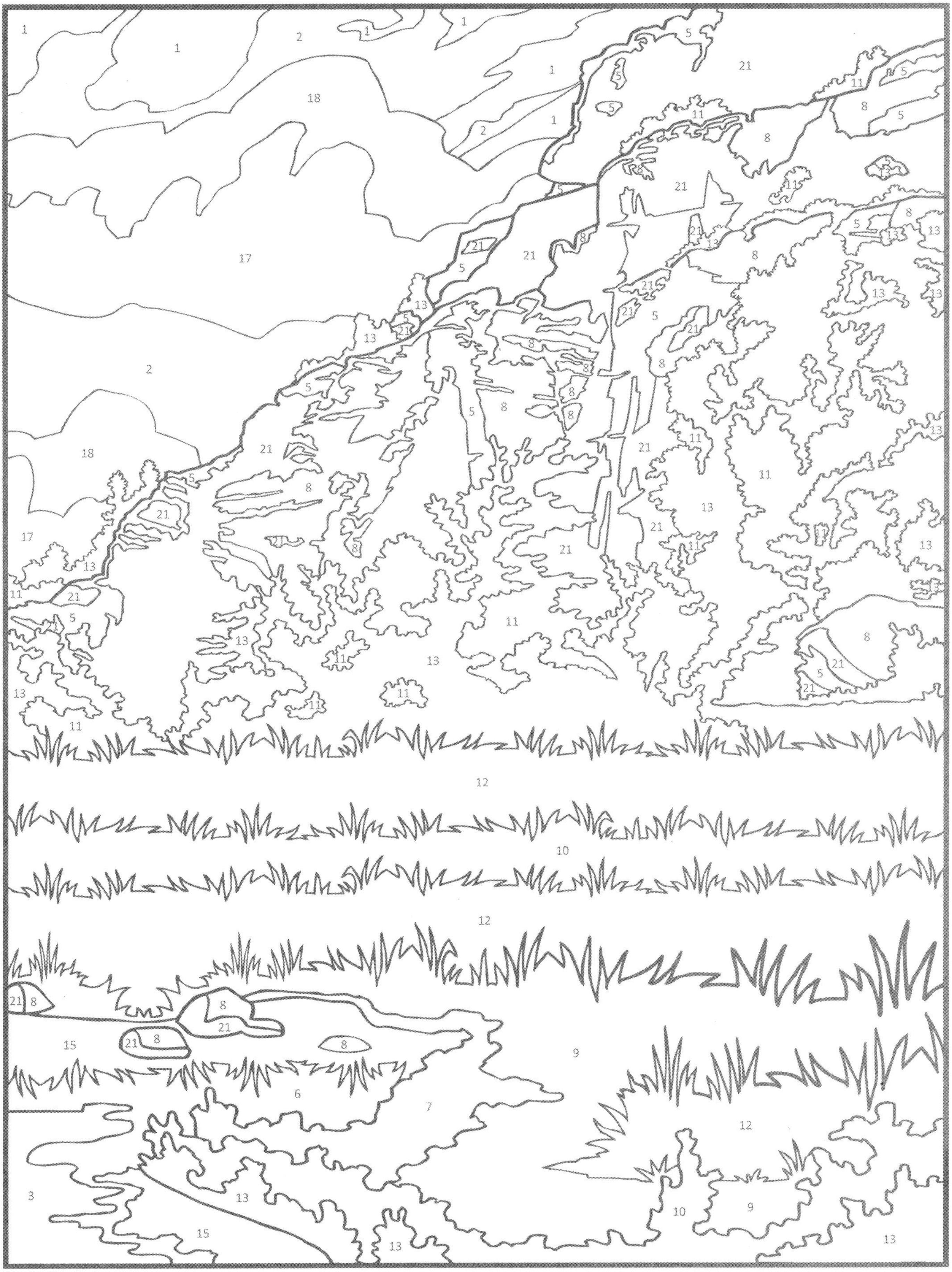

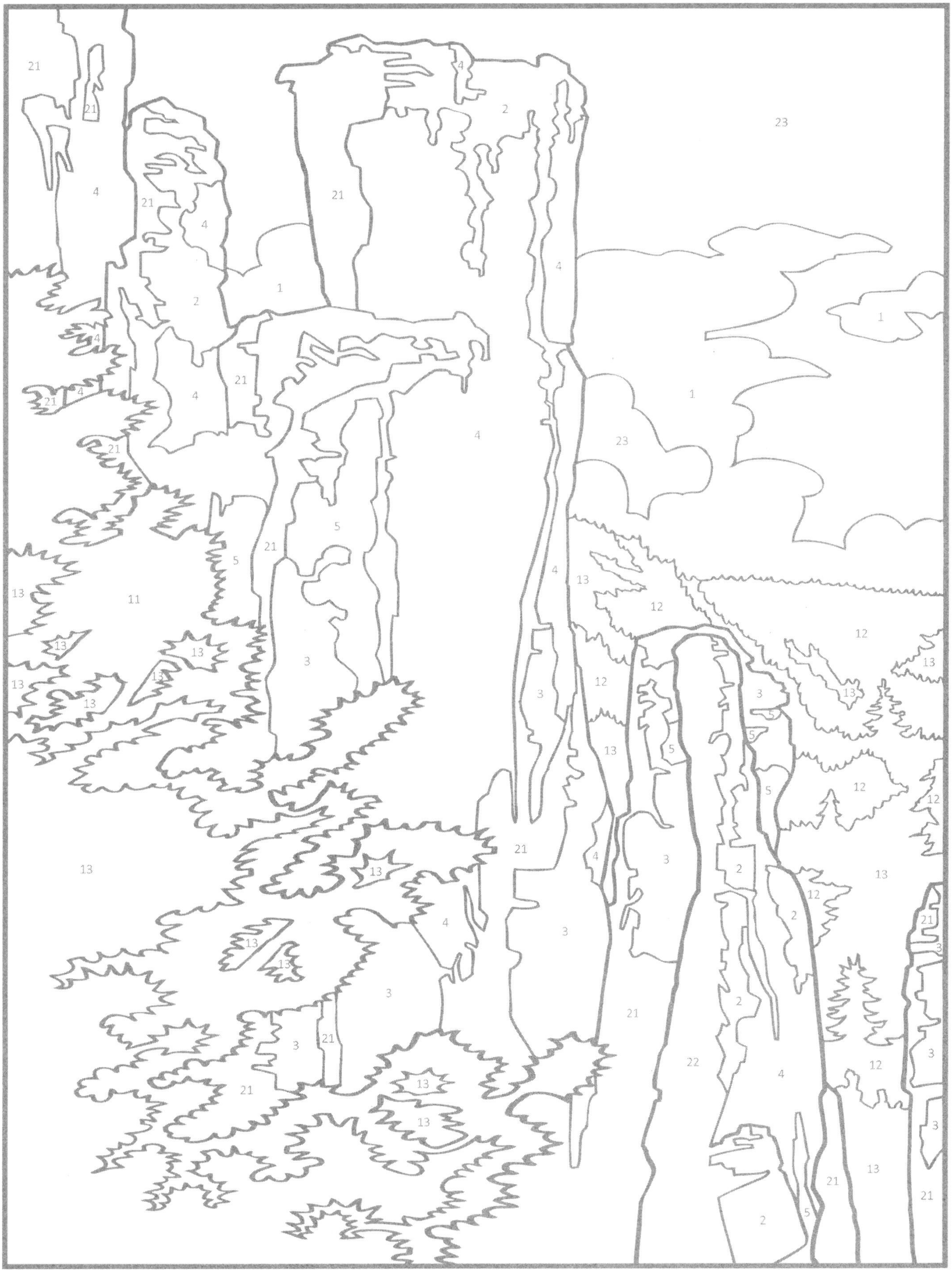

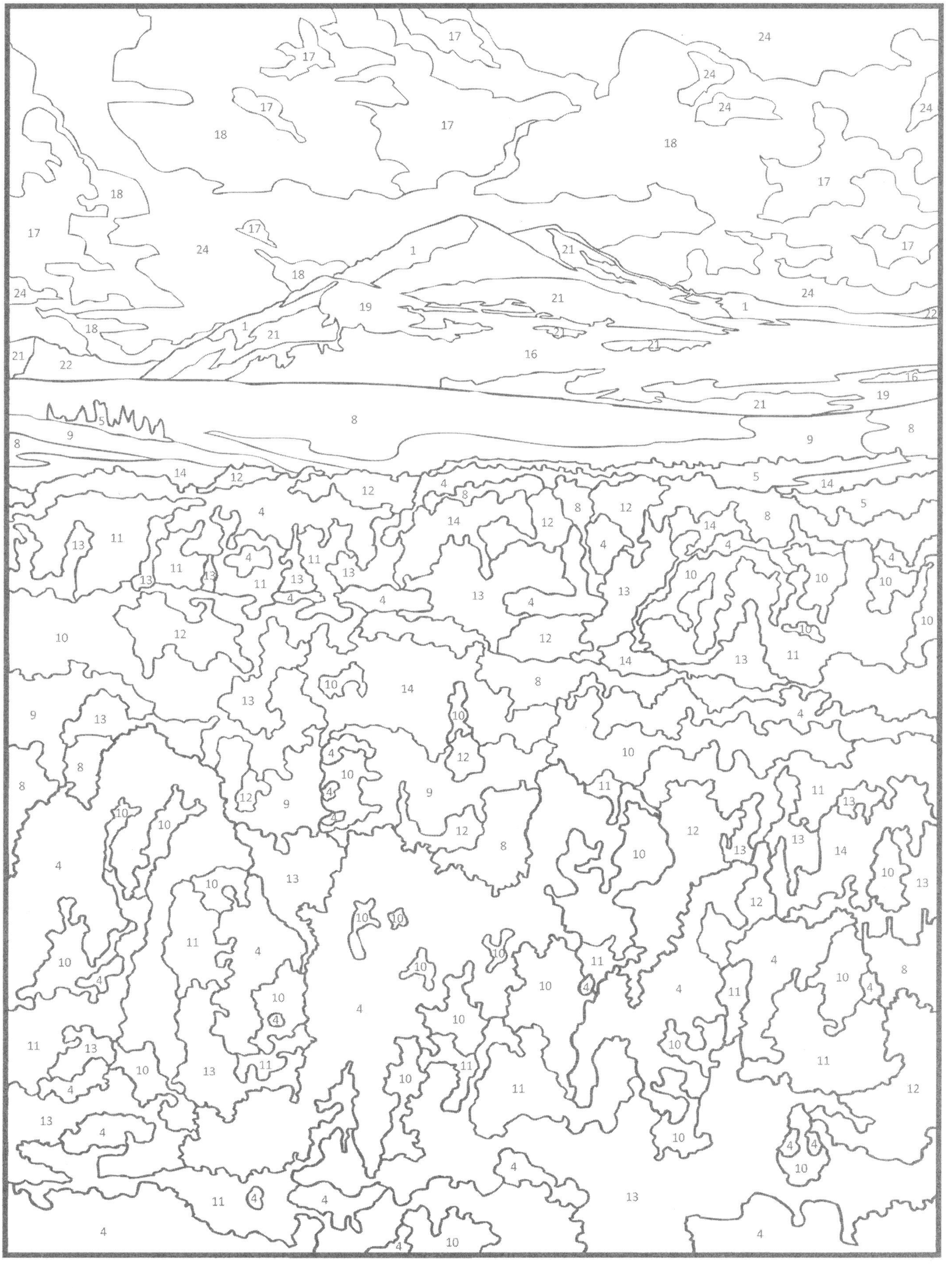

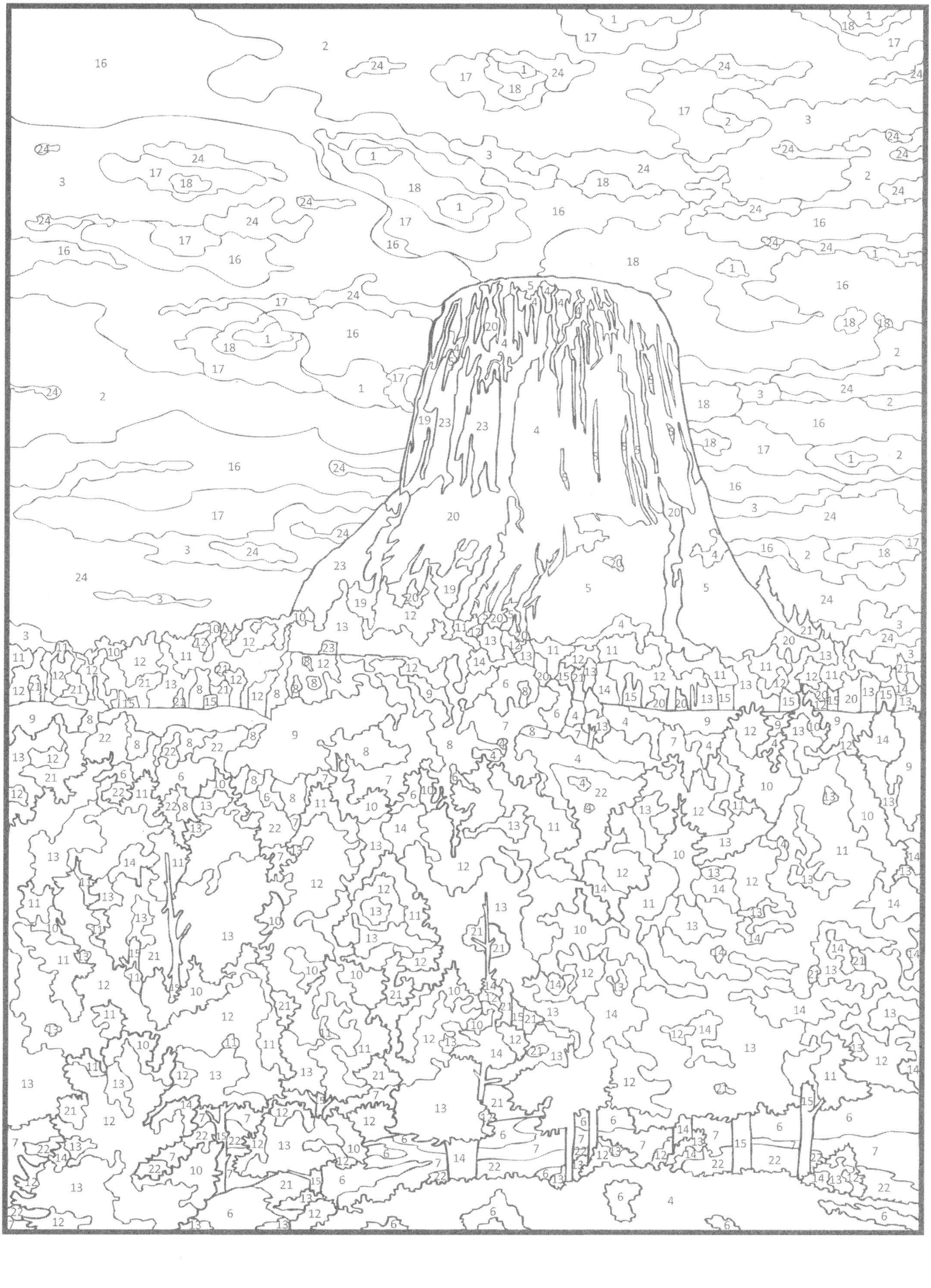

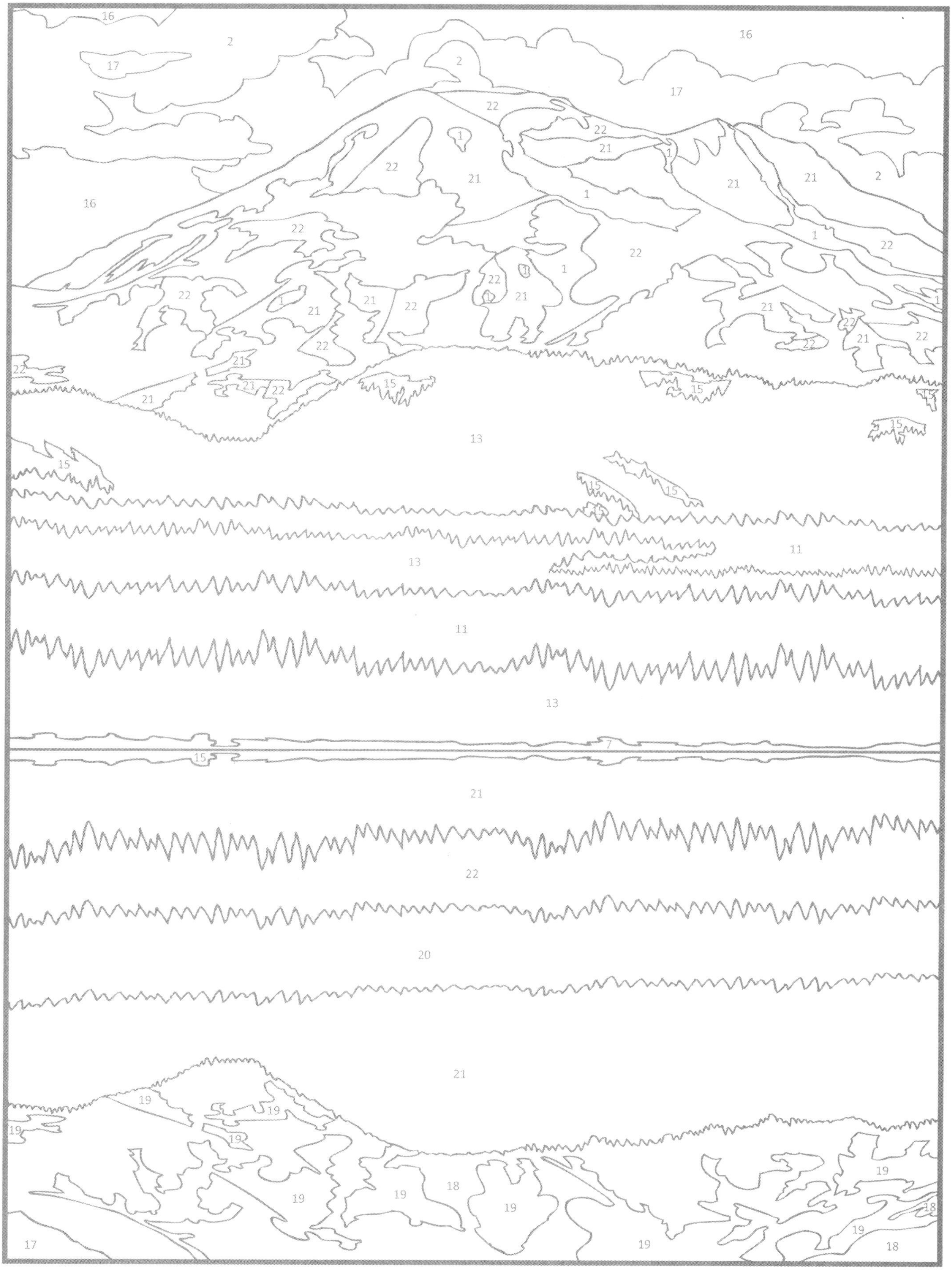

16
2
16
17
2
17
22
22
1
21
1
22
21
21
2
16
1
22
1
22
22
1
22
21
1
1
22
21
21
22
1
21
22
21
22
21
22
22
21
21
22
15
15
15
13
15
15
15
15
11
13
11
13
7
15
21
22
20
21
19
19
19
19
19
19
19
18
19
19
18
19
17
19
18

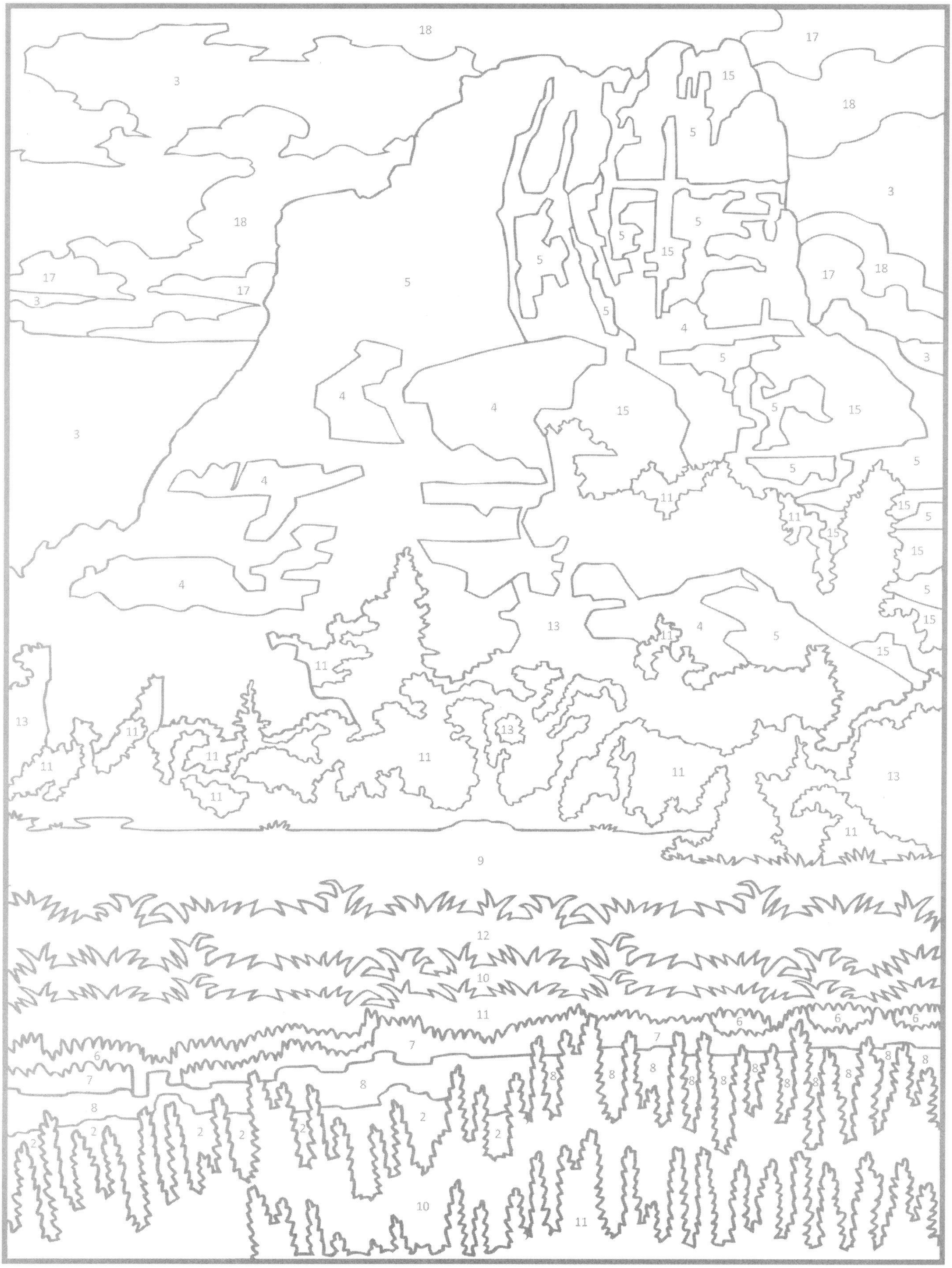

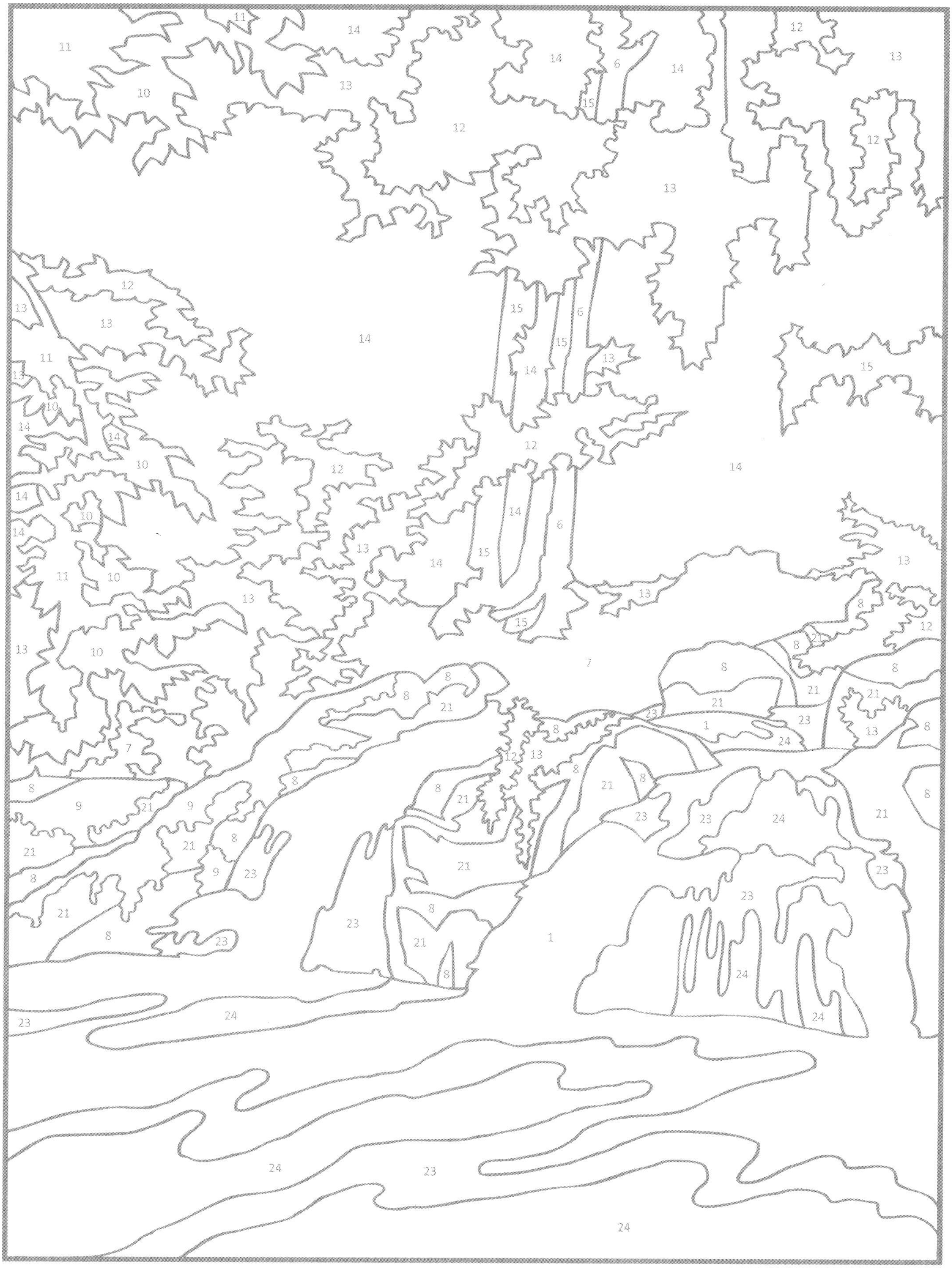

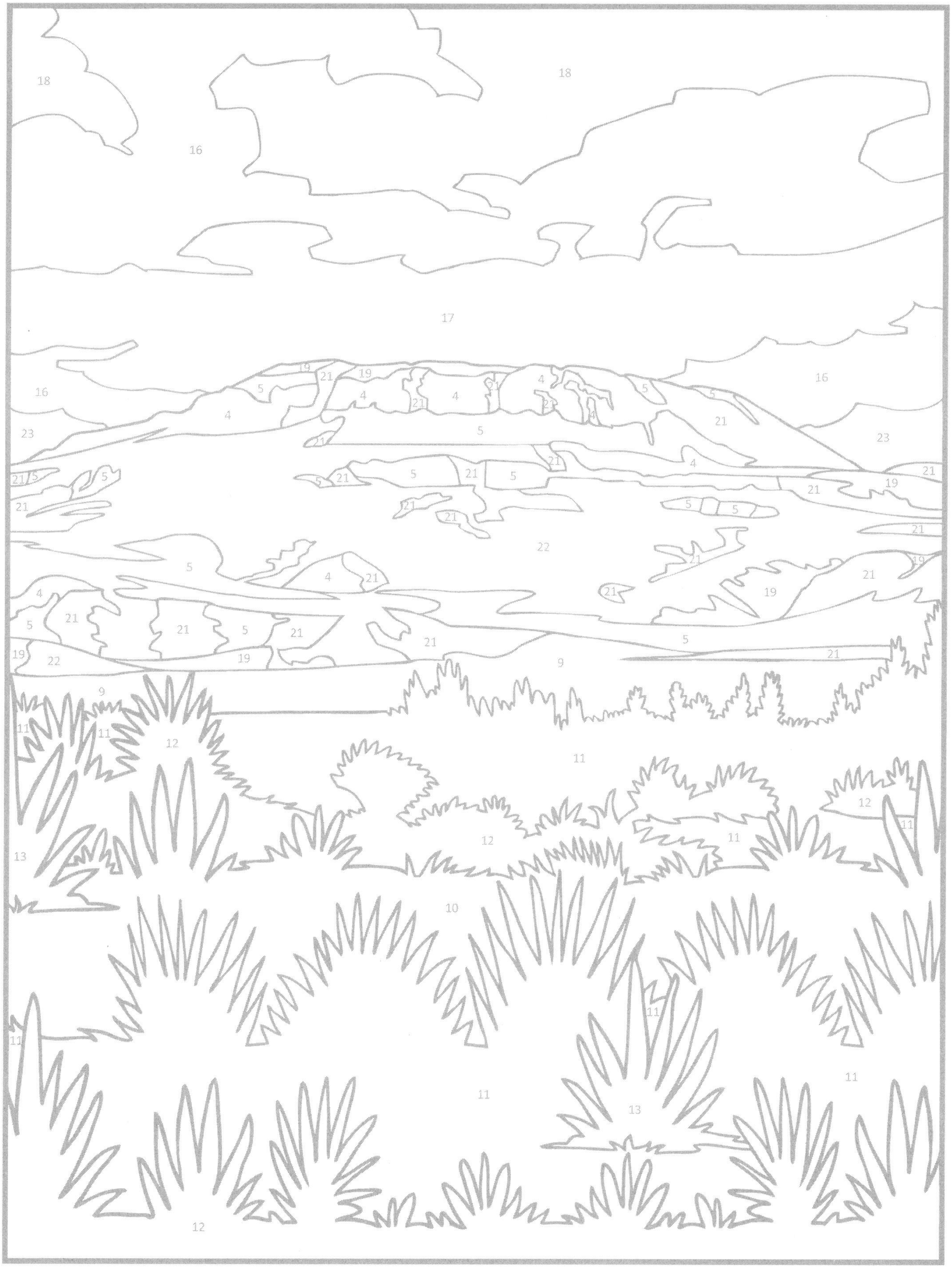

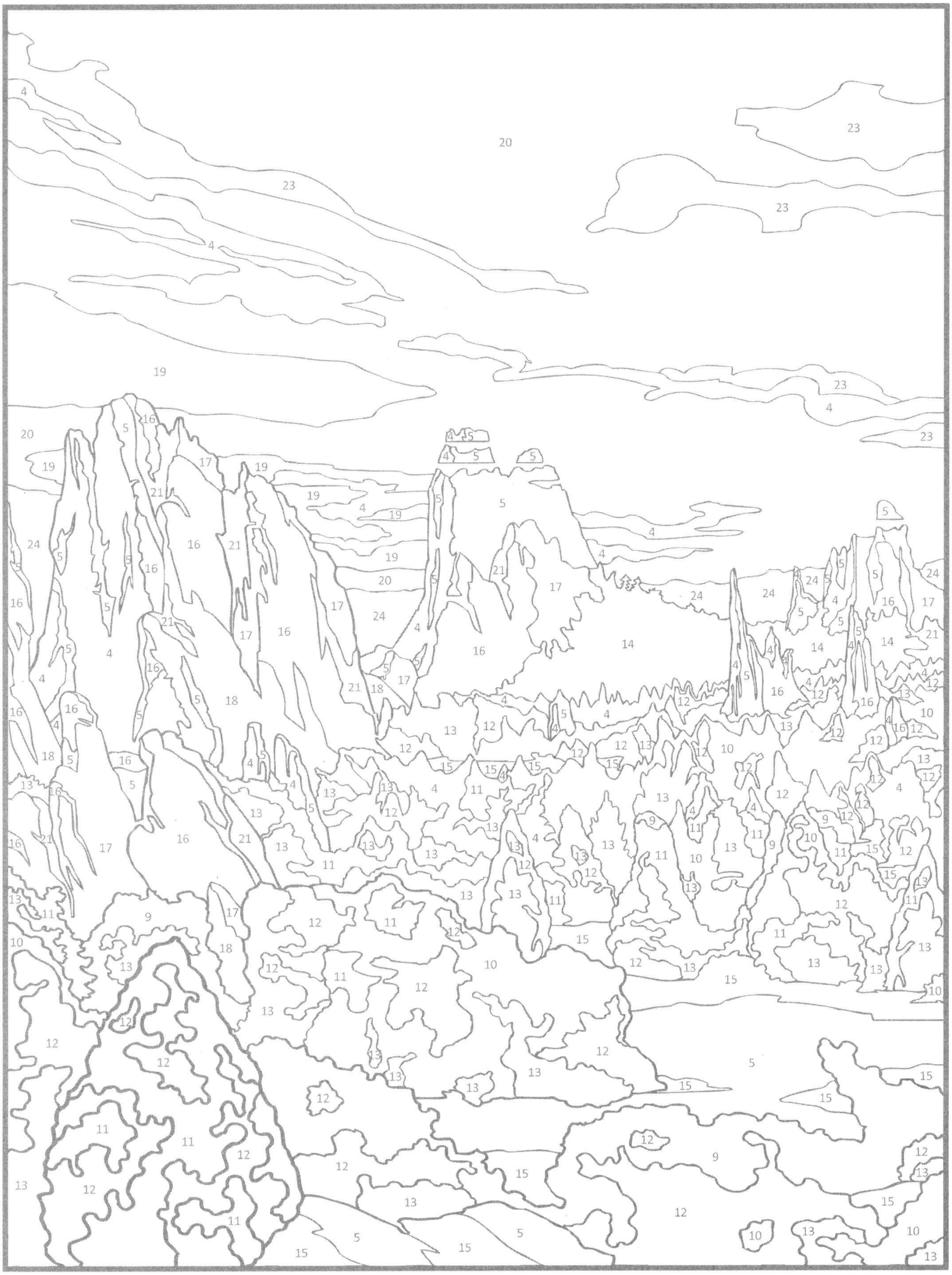

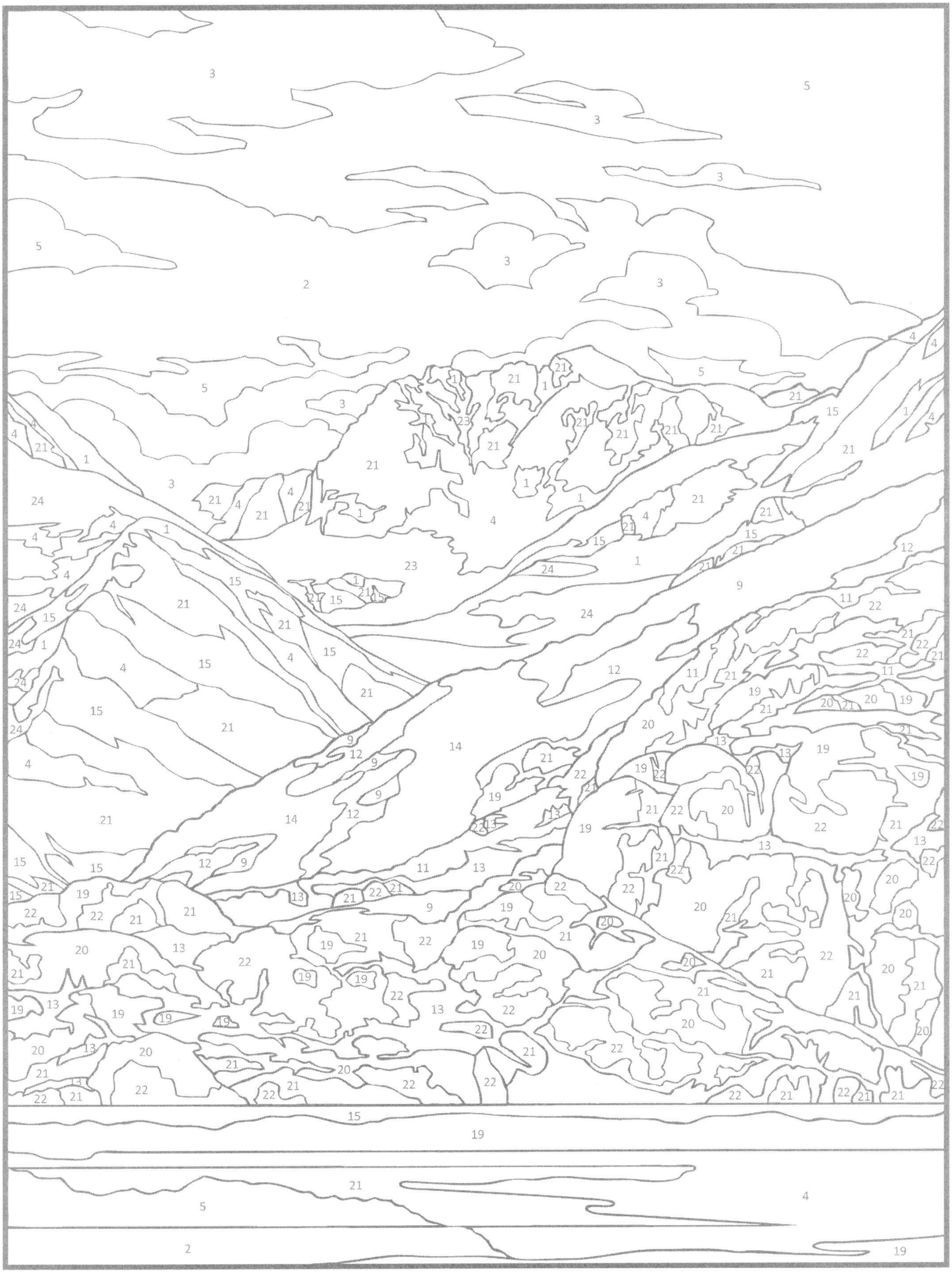

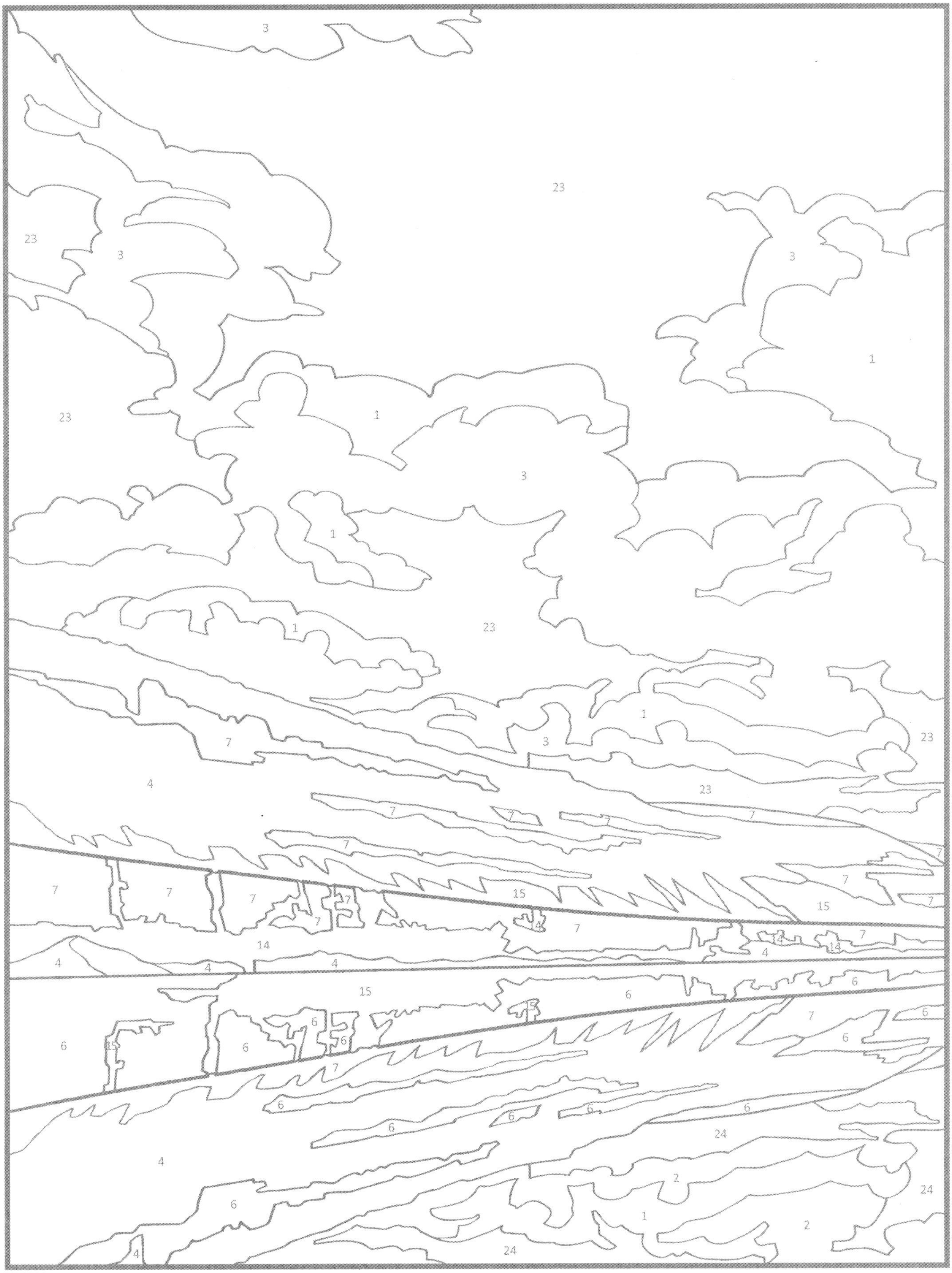

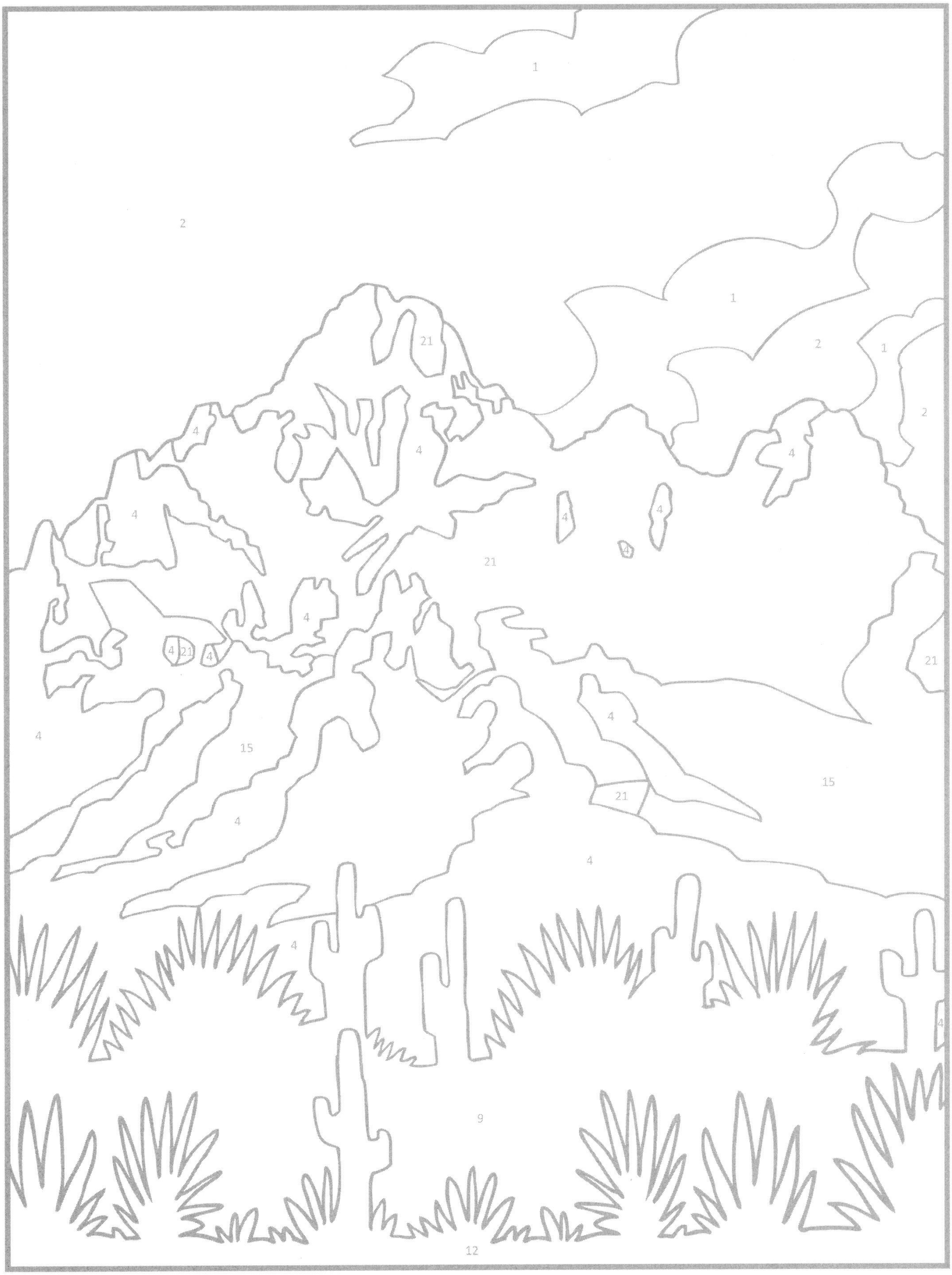
1
2
1
2
1
21
2
4
4
4
4
4
4
21
4
4
4
21
4
21
4
4
15
15
21
4
4
4
4
9
12

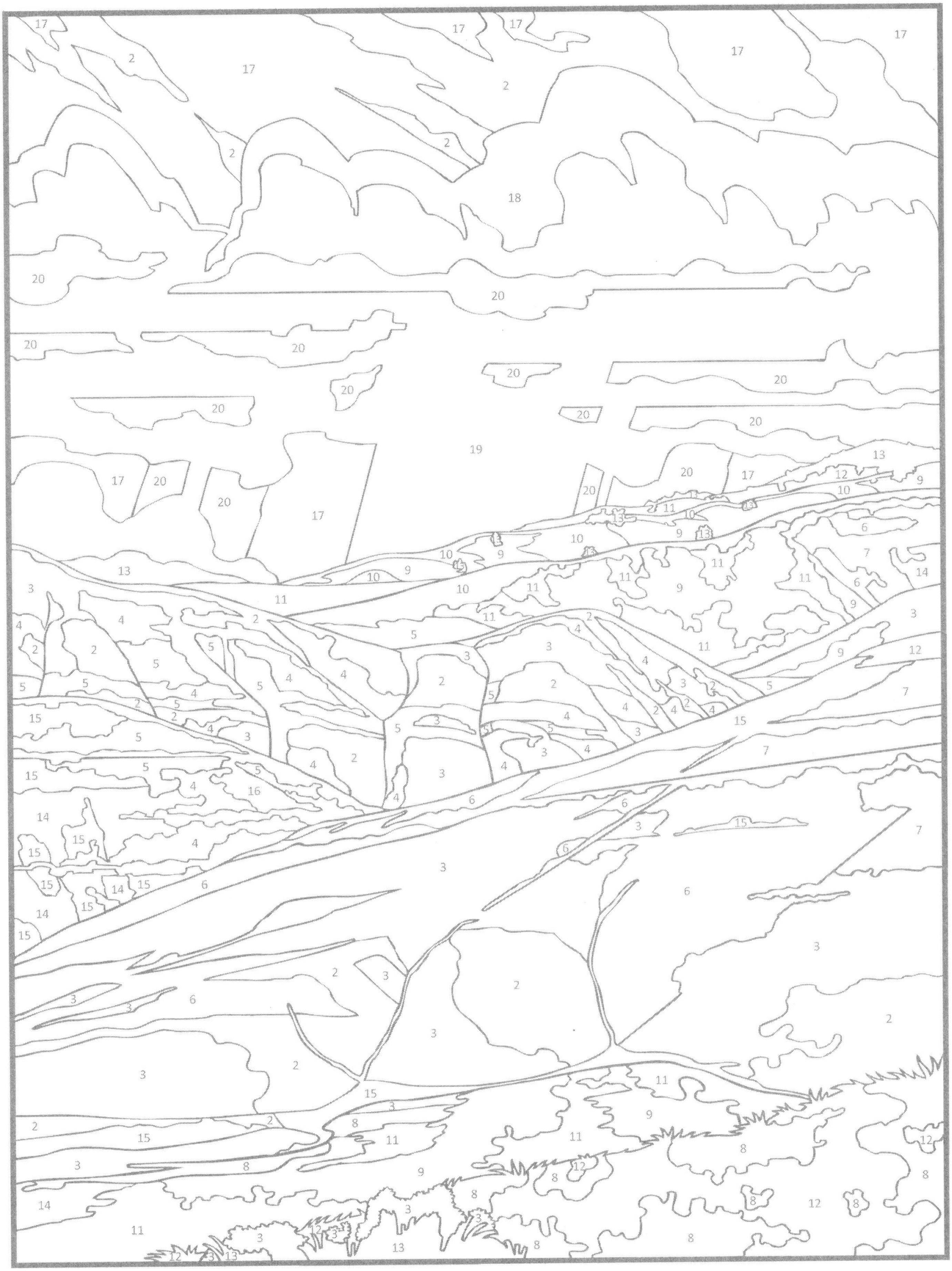

John Day Fossil Beds, Oregon

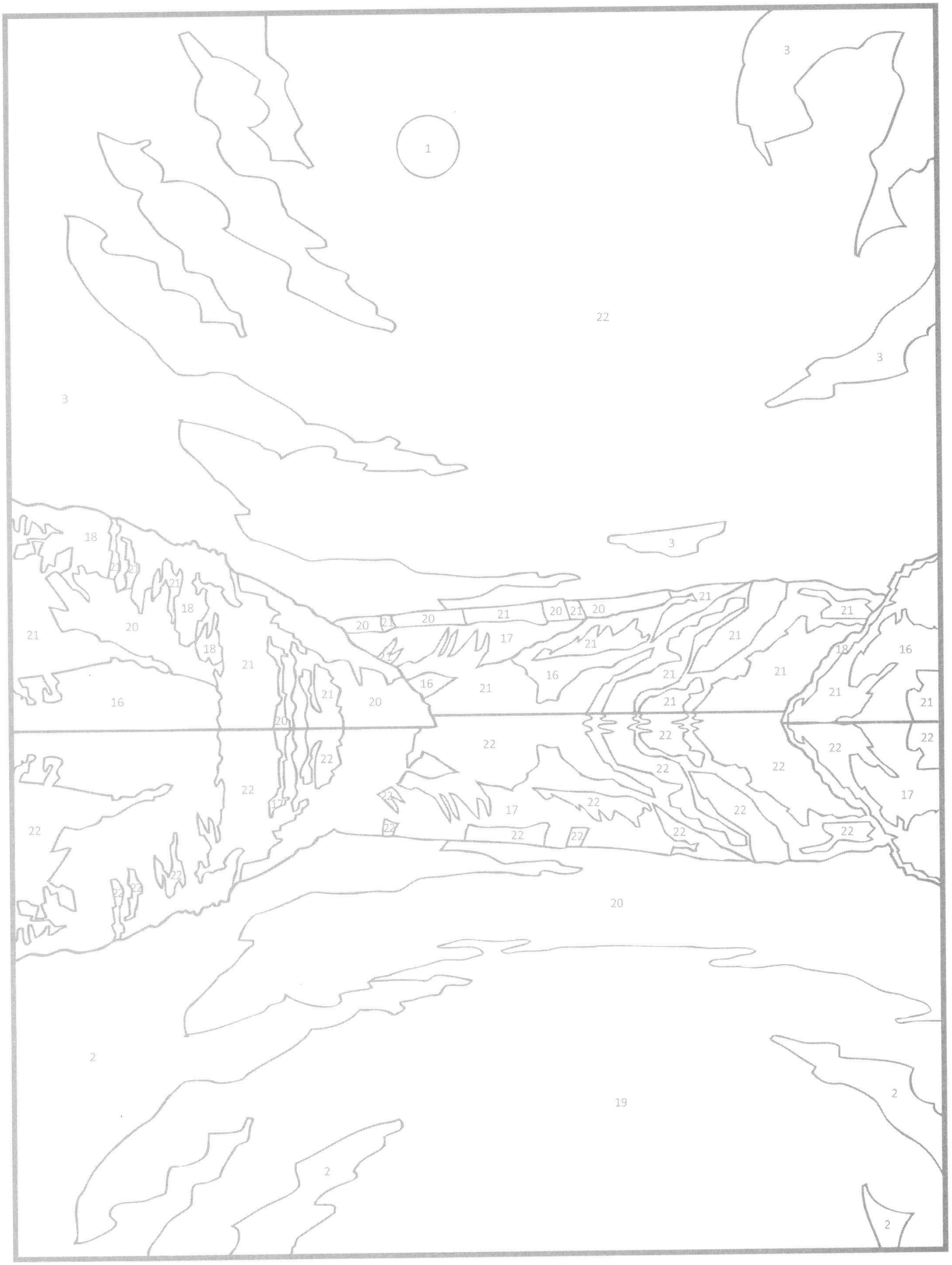

Lake Mead, Nevada

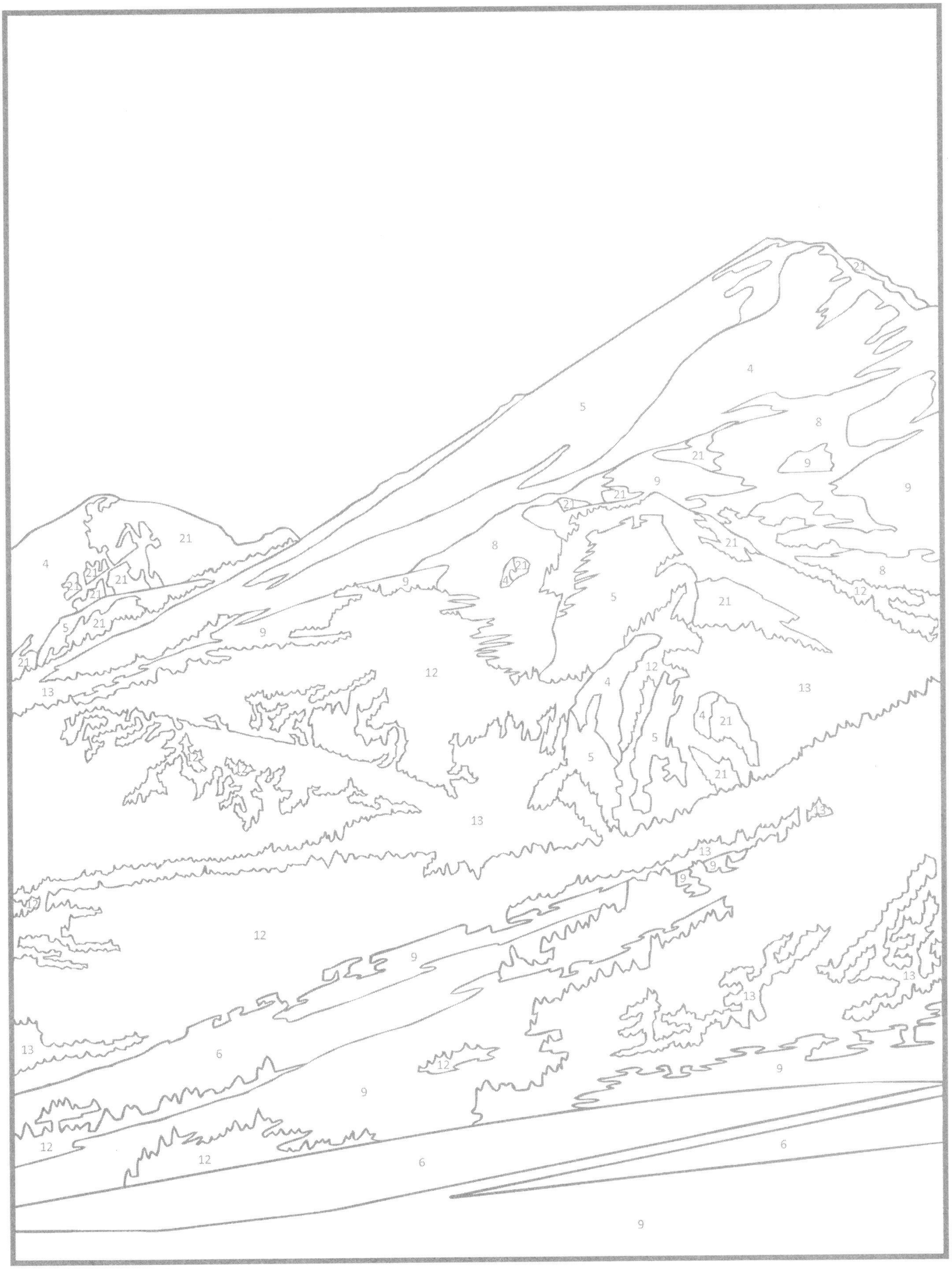

Lemhi Range, Idaho

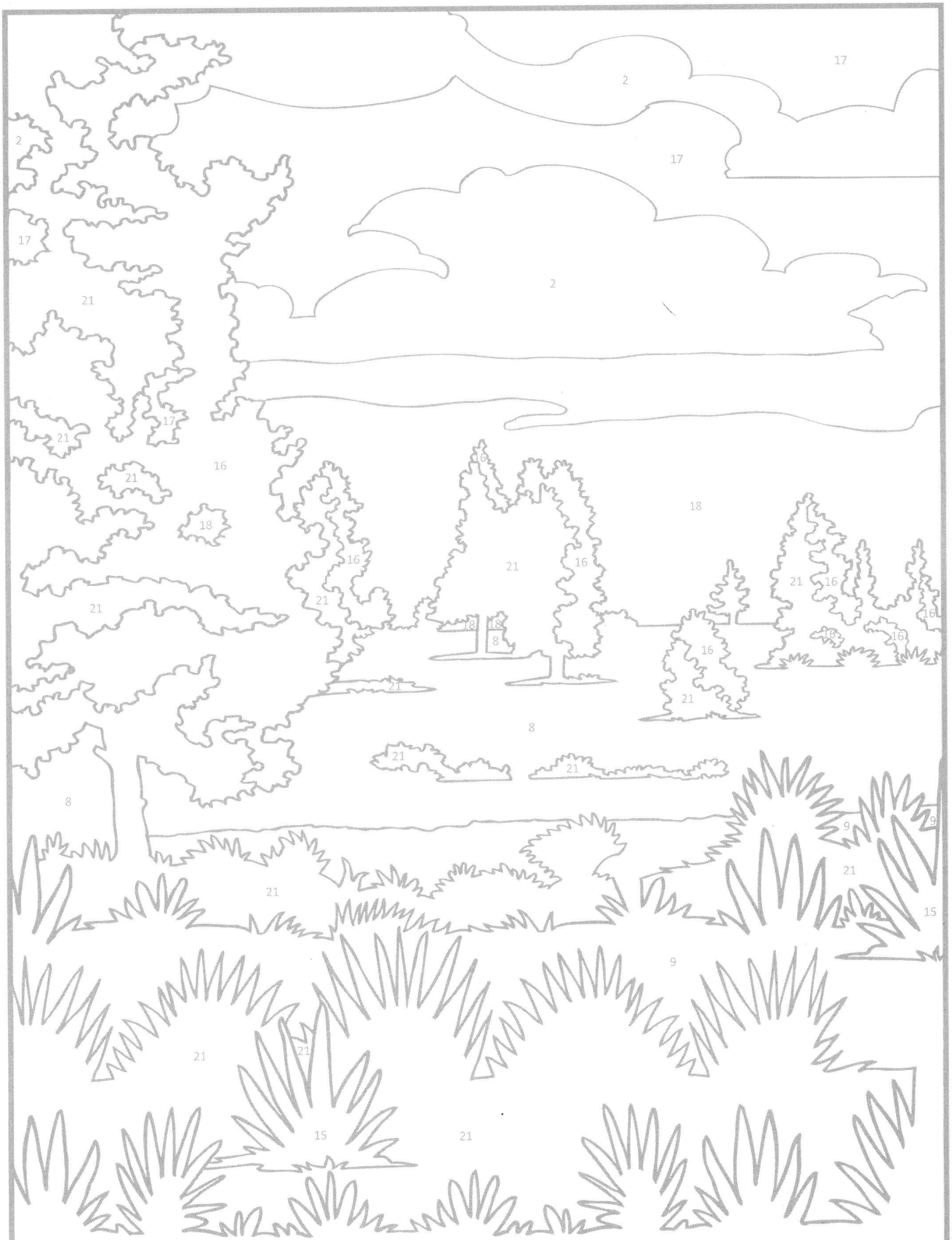
17
2
2
17
17
2
21
21
17
16
21
18
16
18
16
21
16
21
21
16
16
16
21
18
18
8
16
16
21
21
8
21
21
8
9
9
21
21
15
9
21
21
15
21

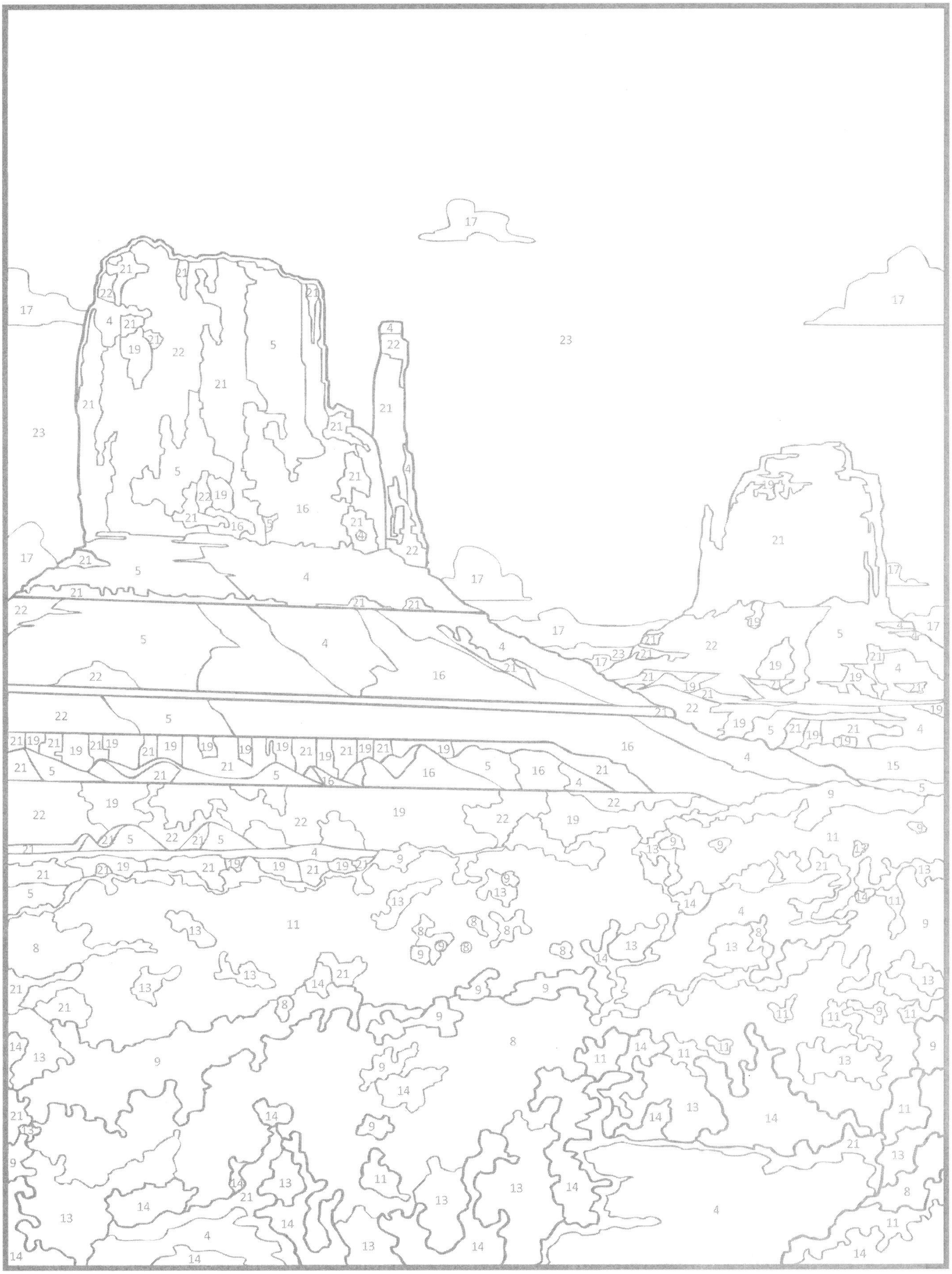

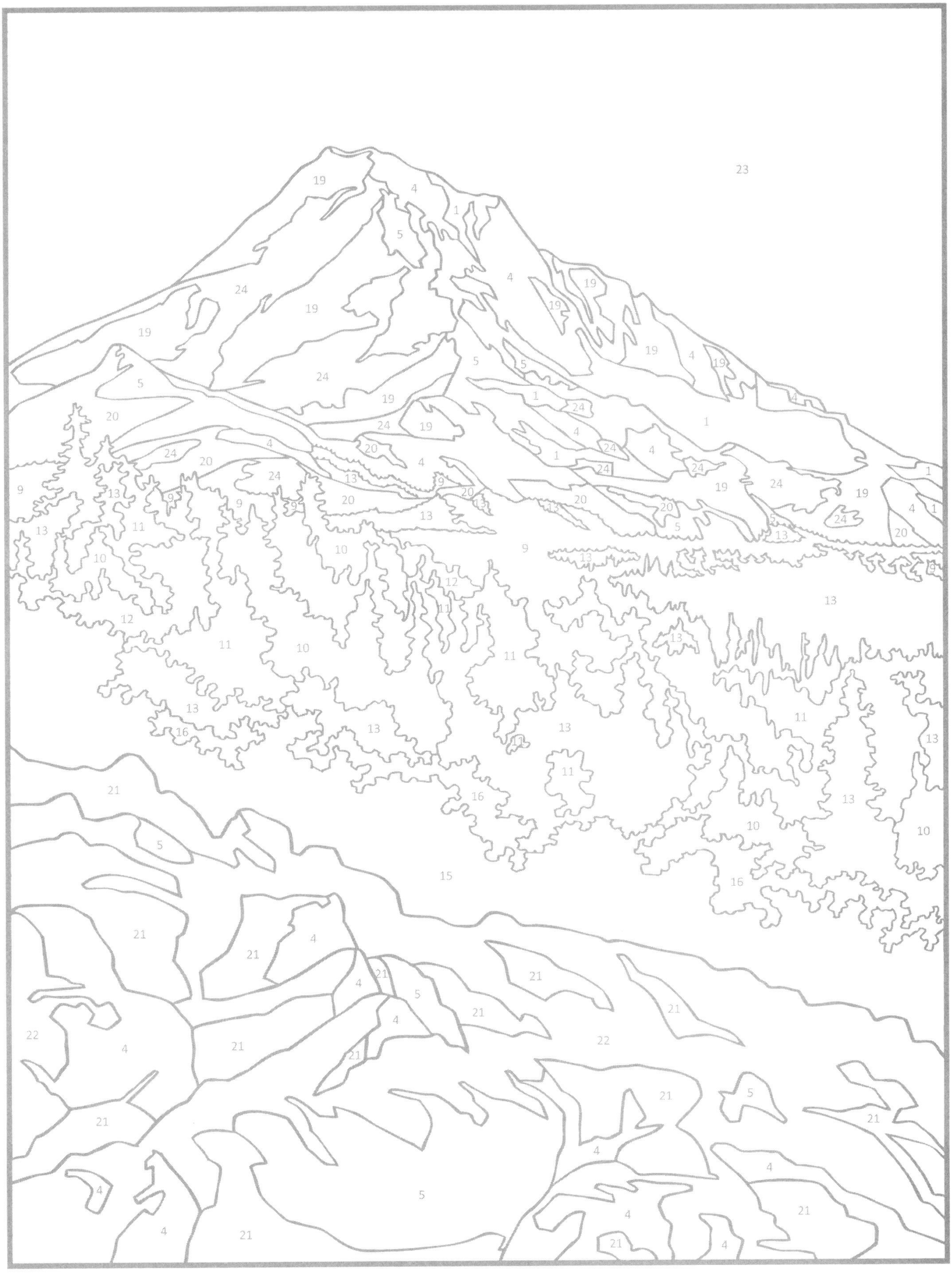

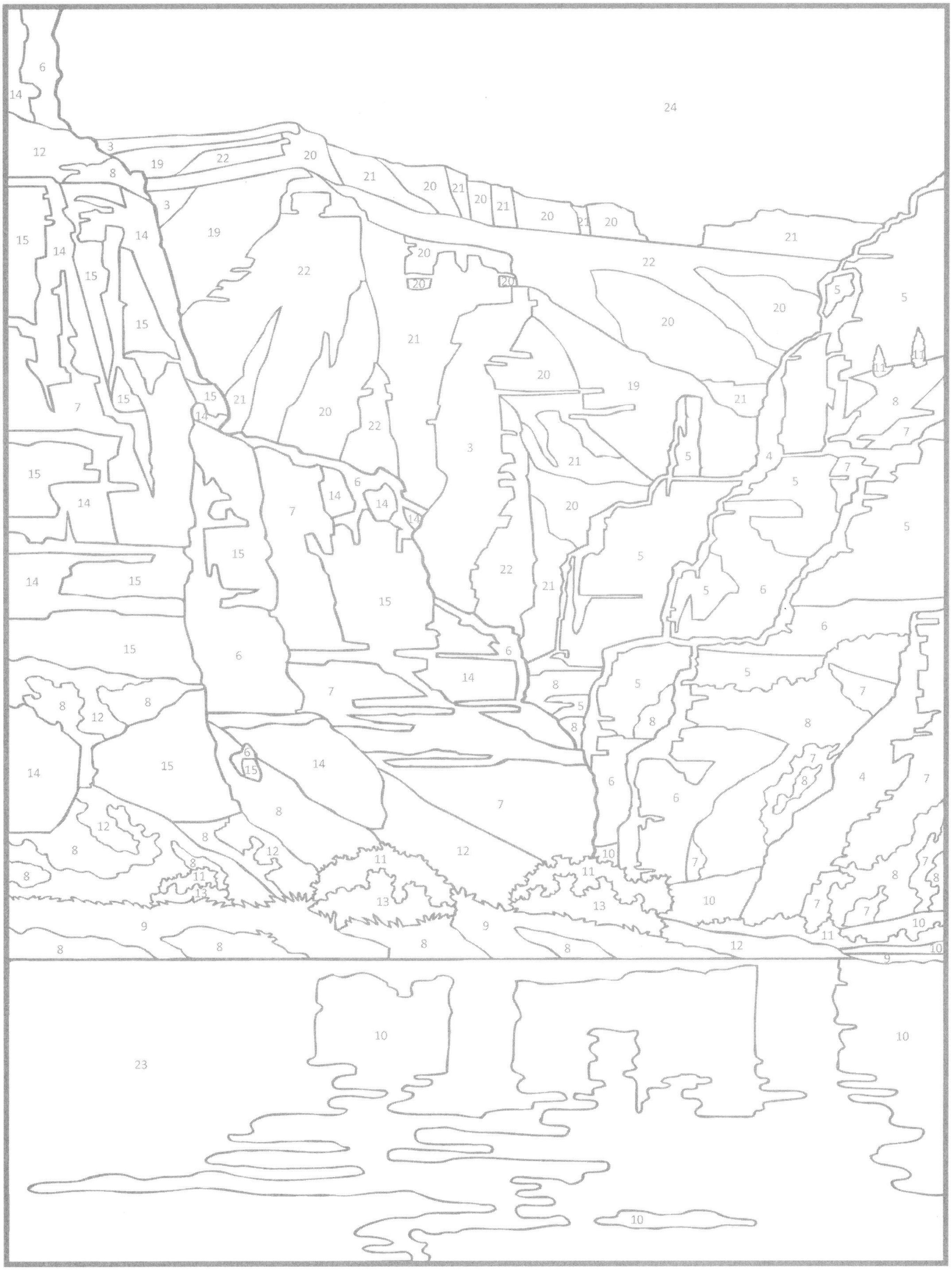

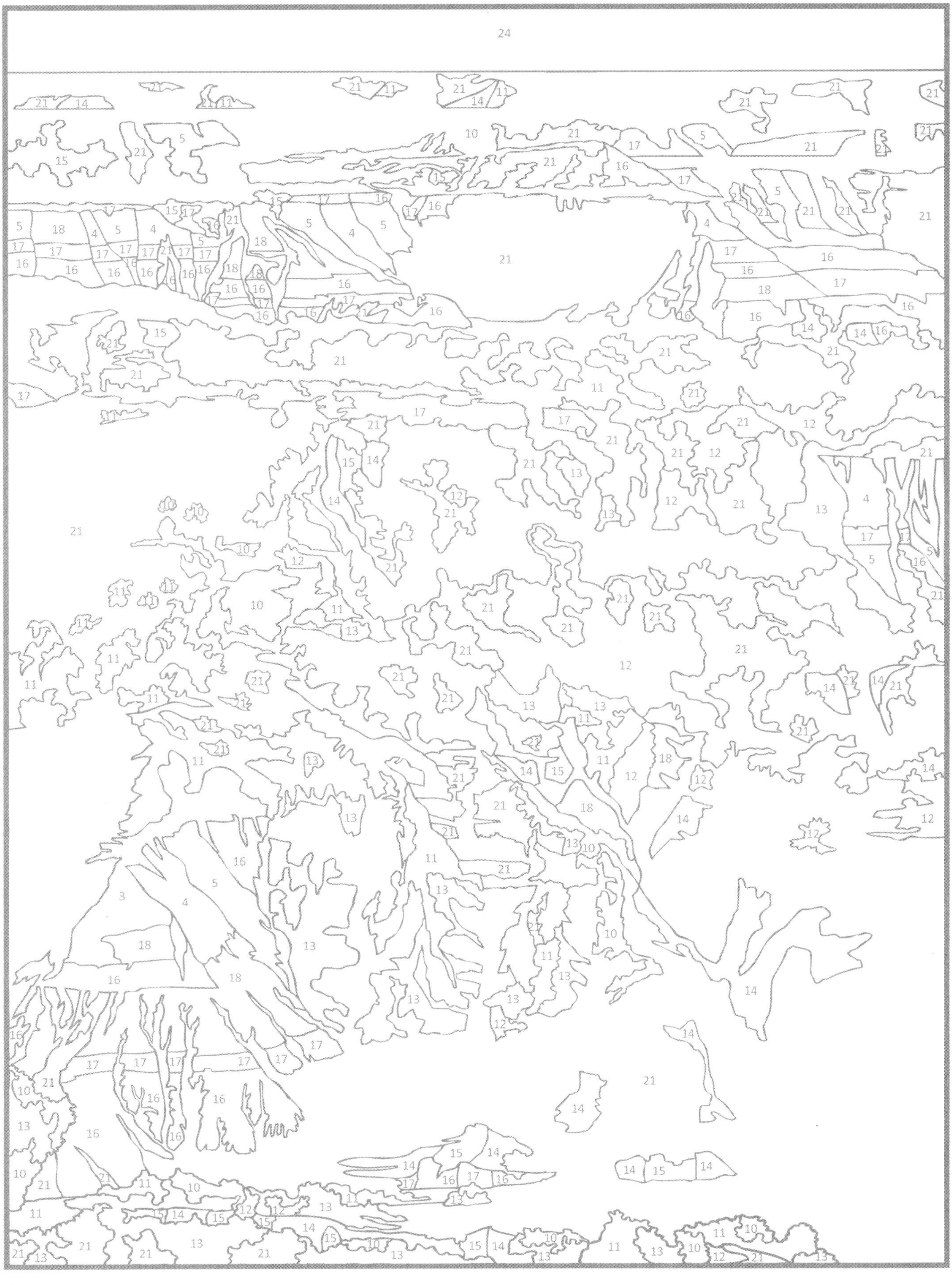

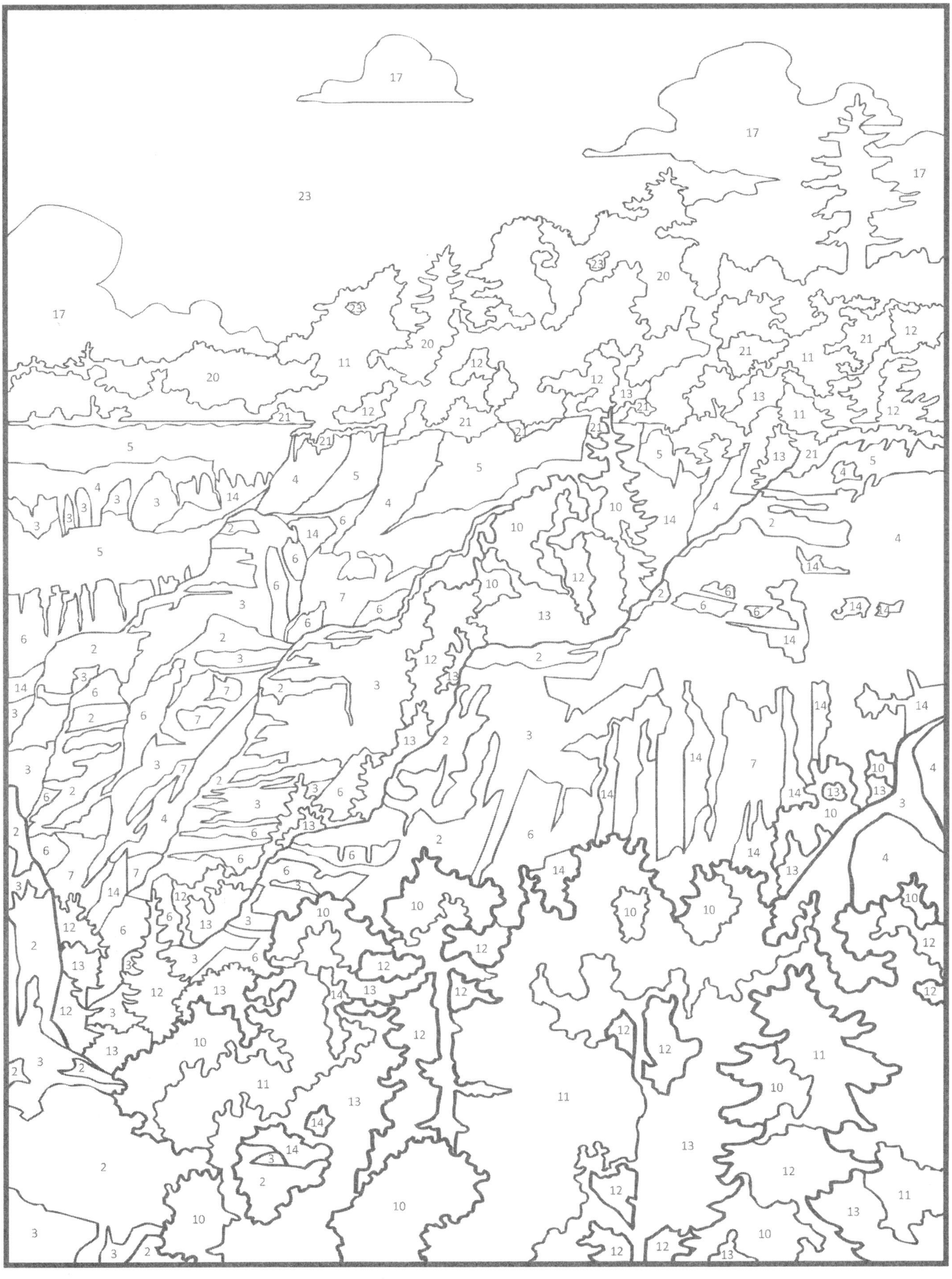

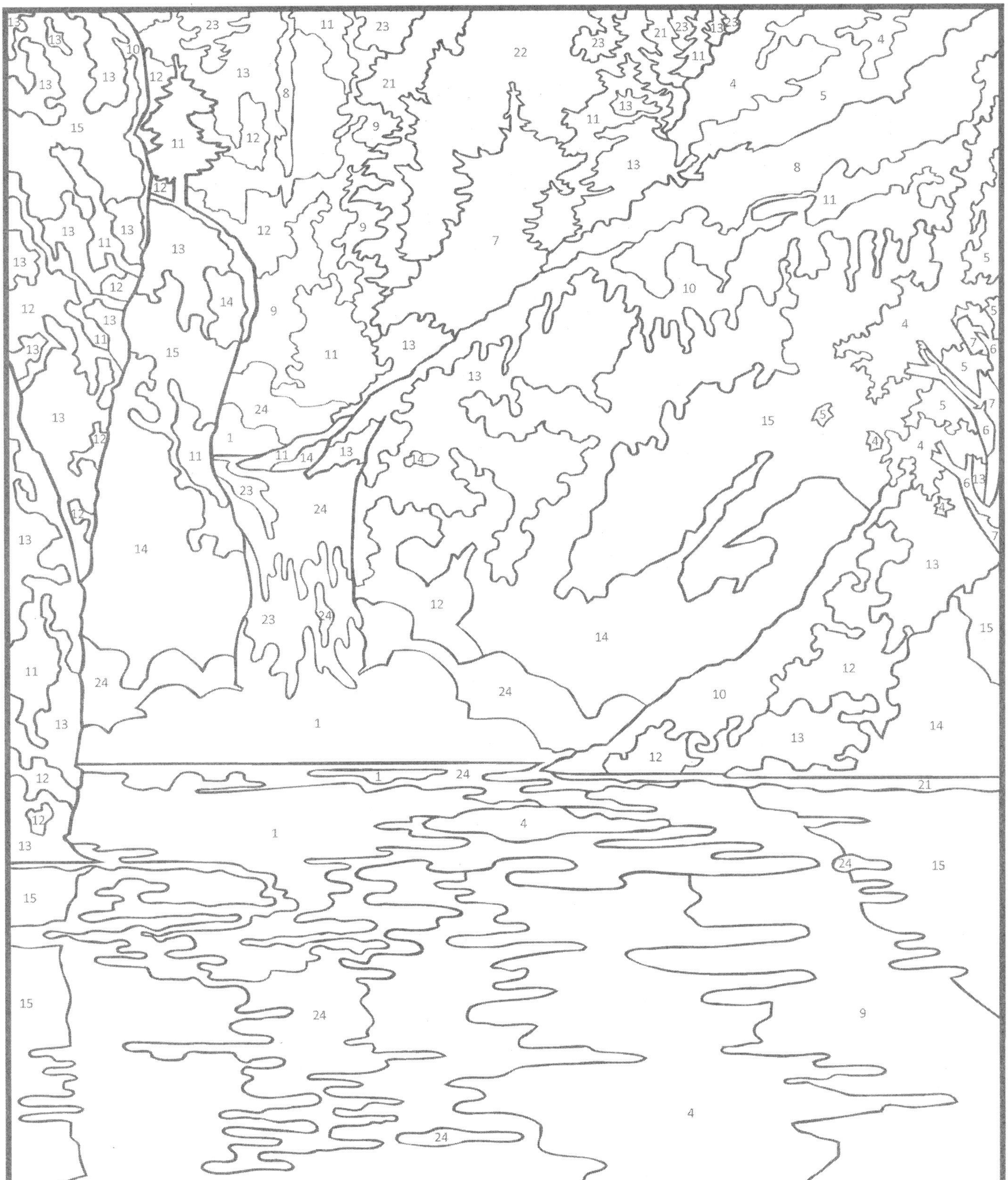

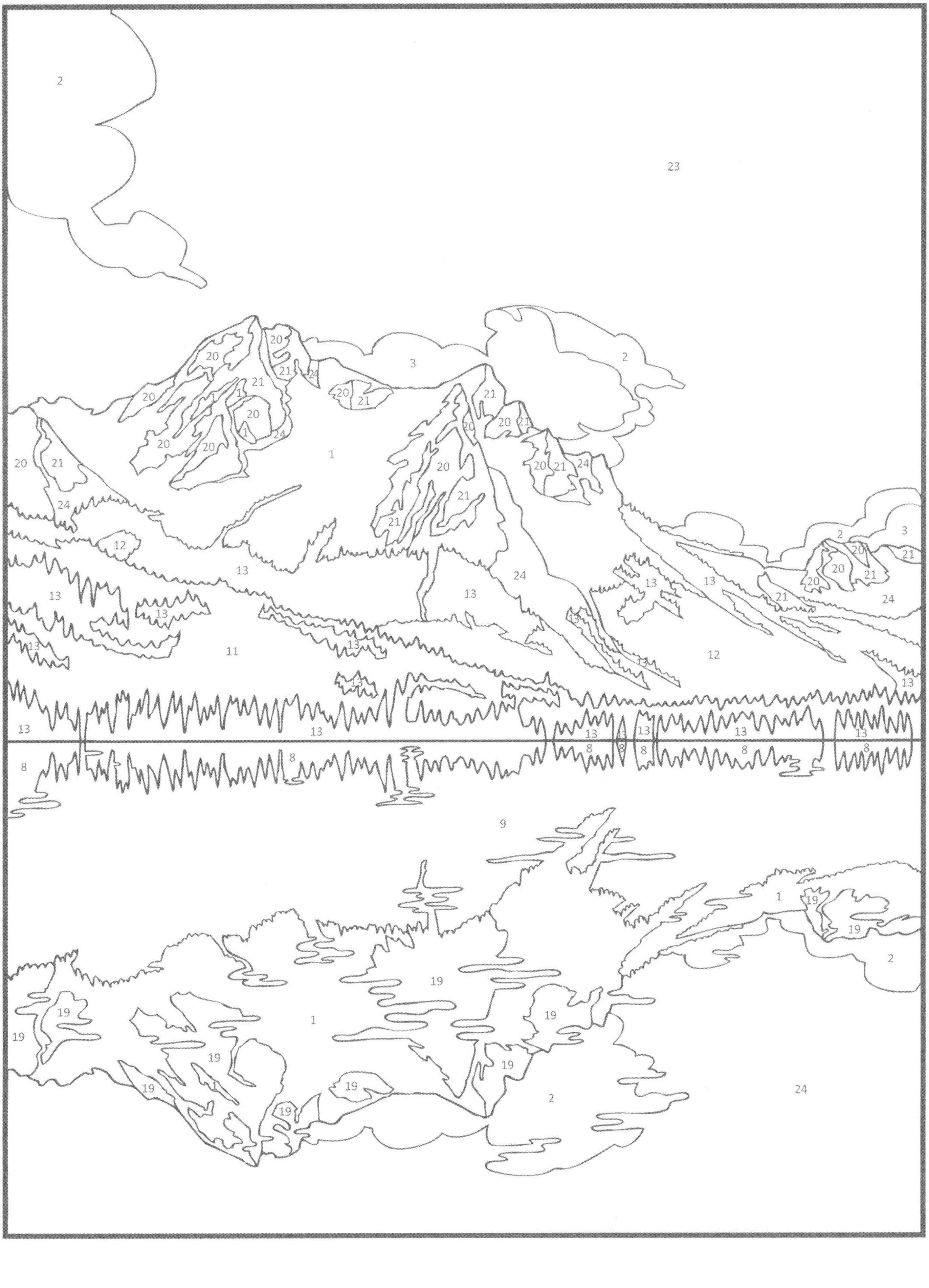

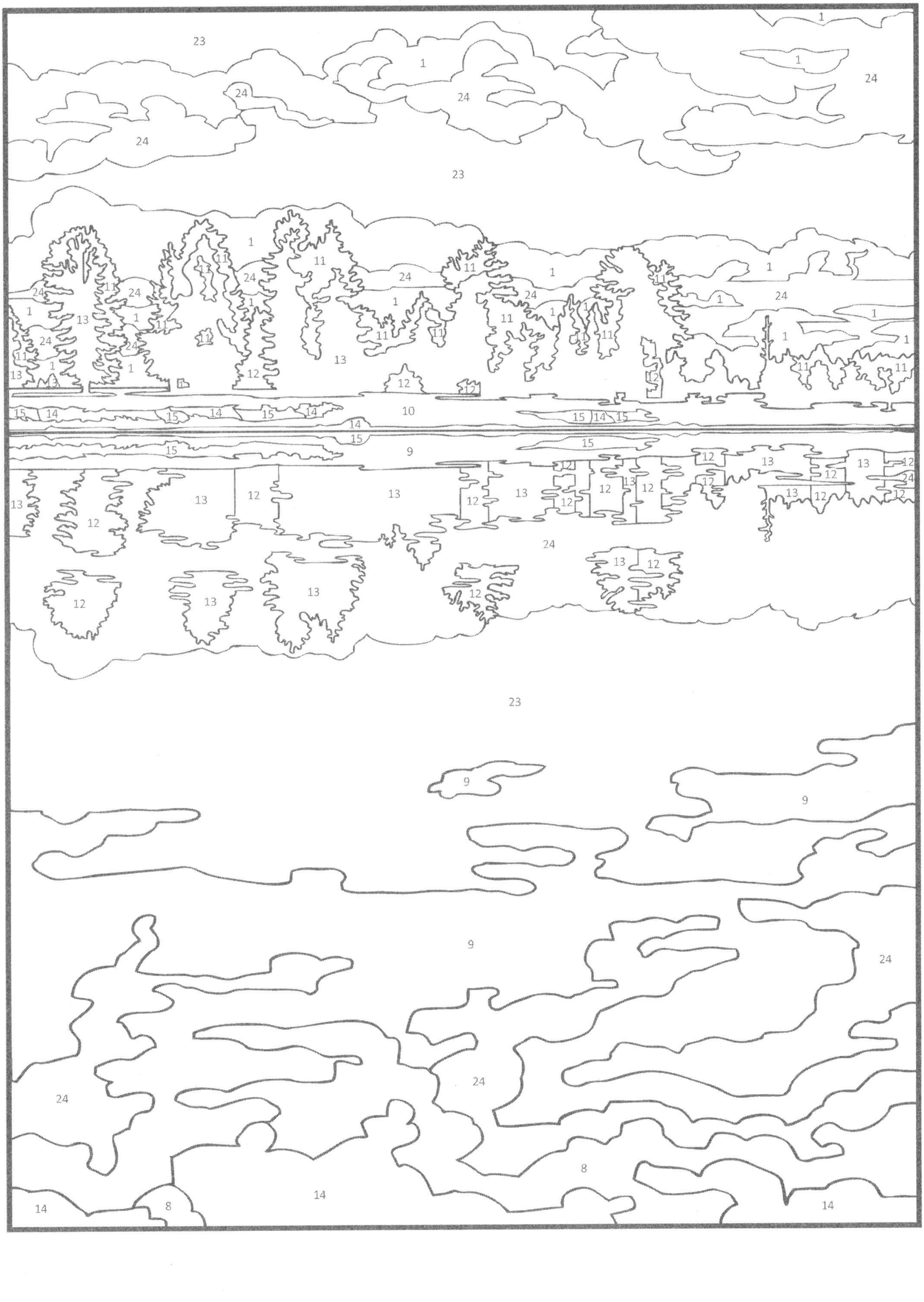

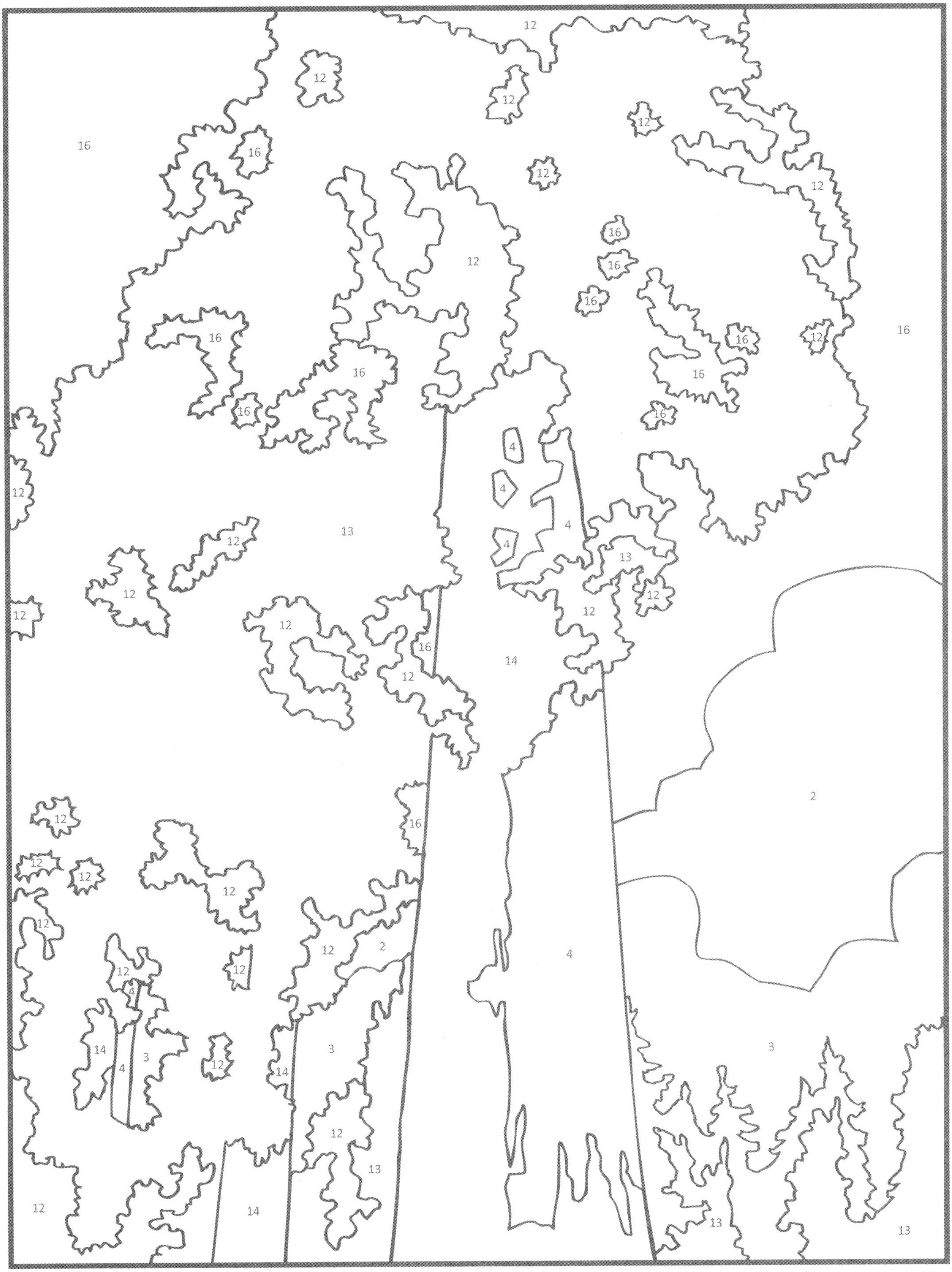

12
12
12
16
16
12
12
12
12
16
16
16
16
16
16
16
16
16
12
16
4
4
12
13
4
4
12
13
12
12
12
12
12
16
14
12
2
12
16
12
12
12
12
12
12
4
2
12
4
14
3
12
3
14
3
12
13
12
14
13
13

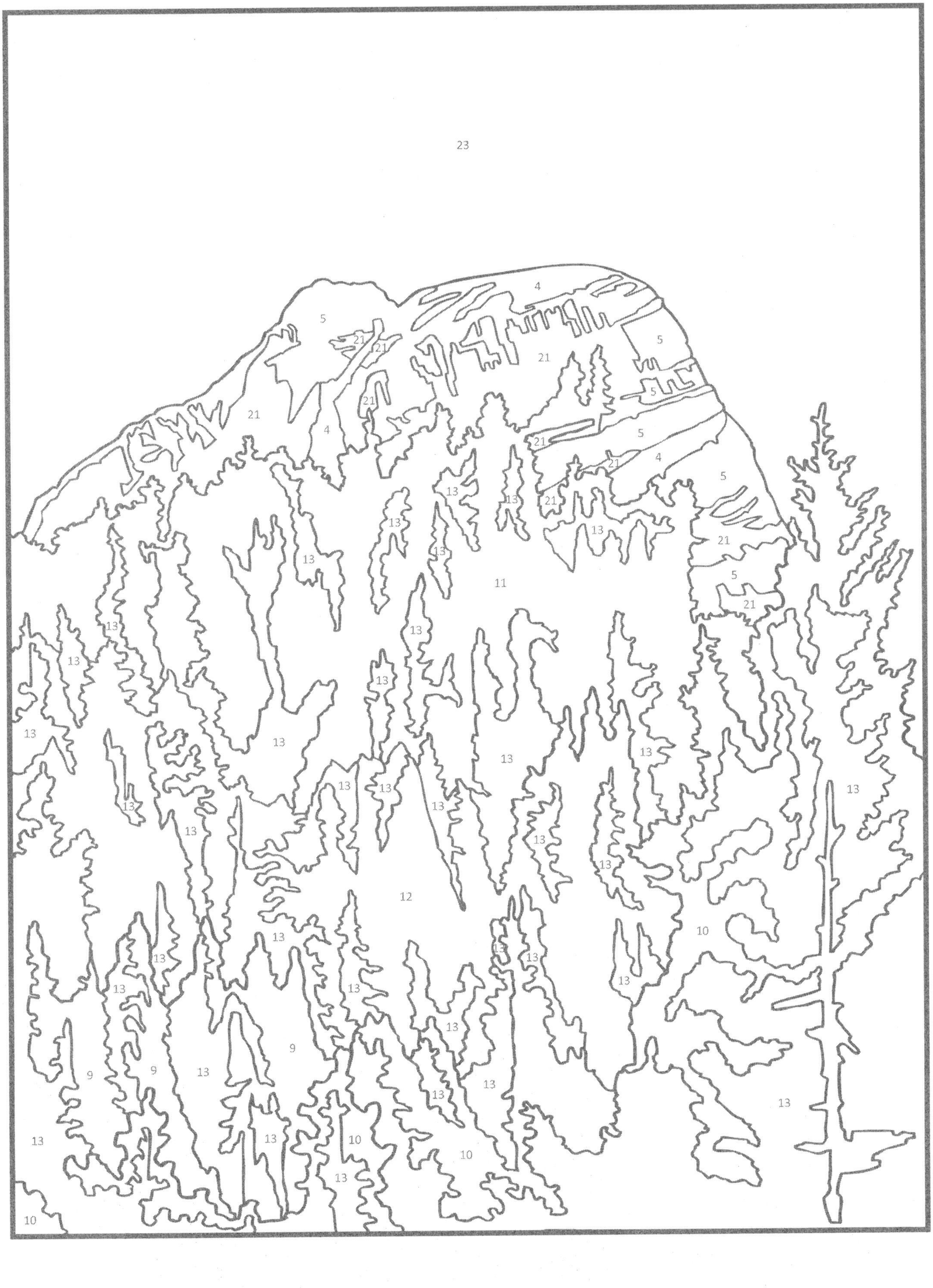

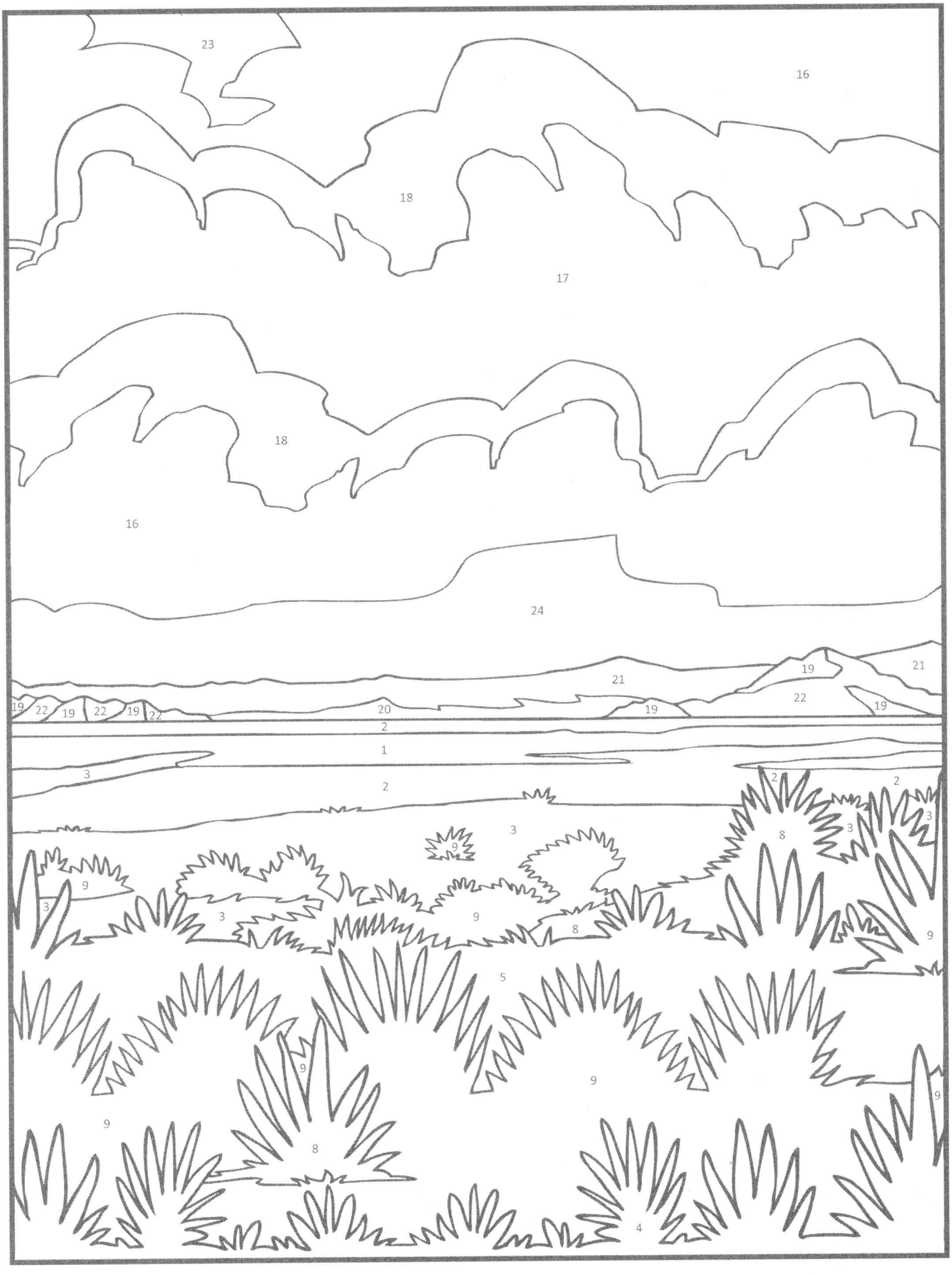

23
16
18
17
18
16
24
19
21
21
19
22
19
22
19
22
19
22
20
19
2
1
3
2
2
2
3
8
3
3
9
9
3
3
9
3
8
9
5
9
9
9
8
9
4

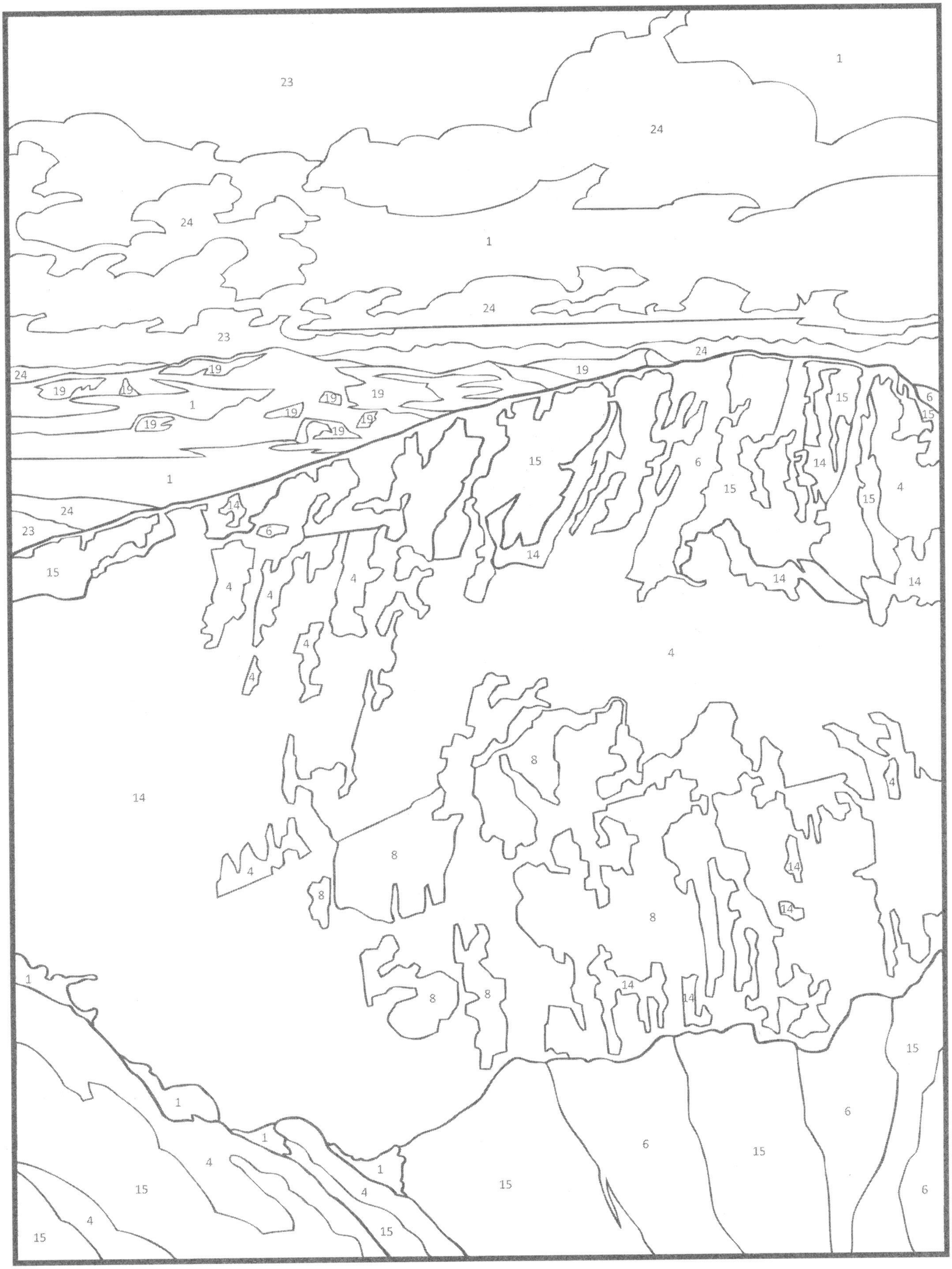
23
1
24
24
1
24
23
24
24
19
19
19
19
19
1
19
19
19
19
19
6
15
19
1
15
6
14
14
15
4
15
24
14
6
23
15
14
4
4
4
14
14
4
4
4
8
4
14
14
8
4
8
14
8
14
8
8
14
1
15
1
1
6
15
4
1
15
15
4
15
6
4
15
15

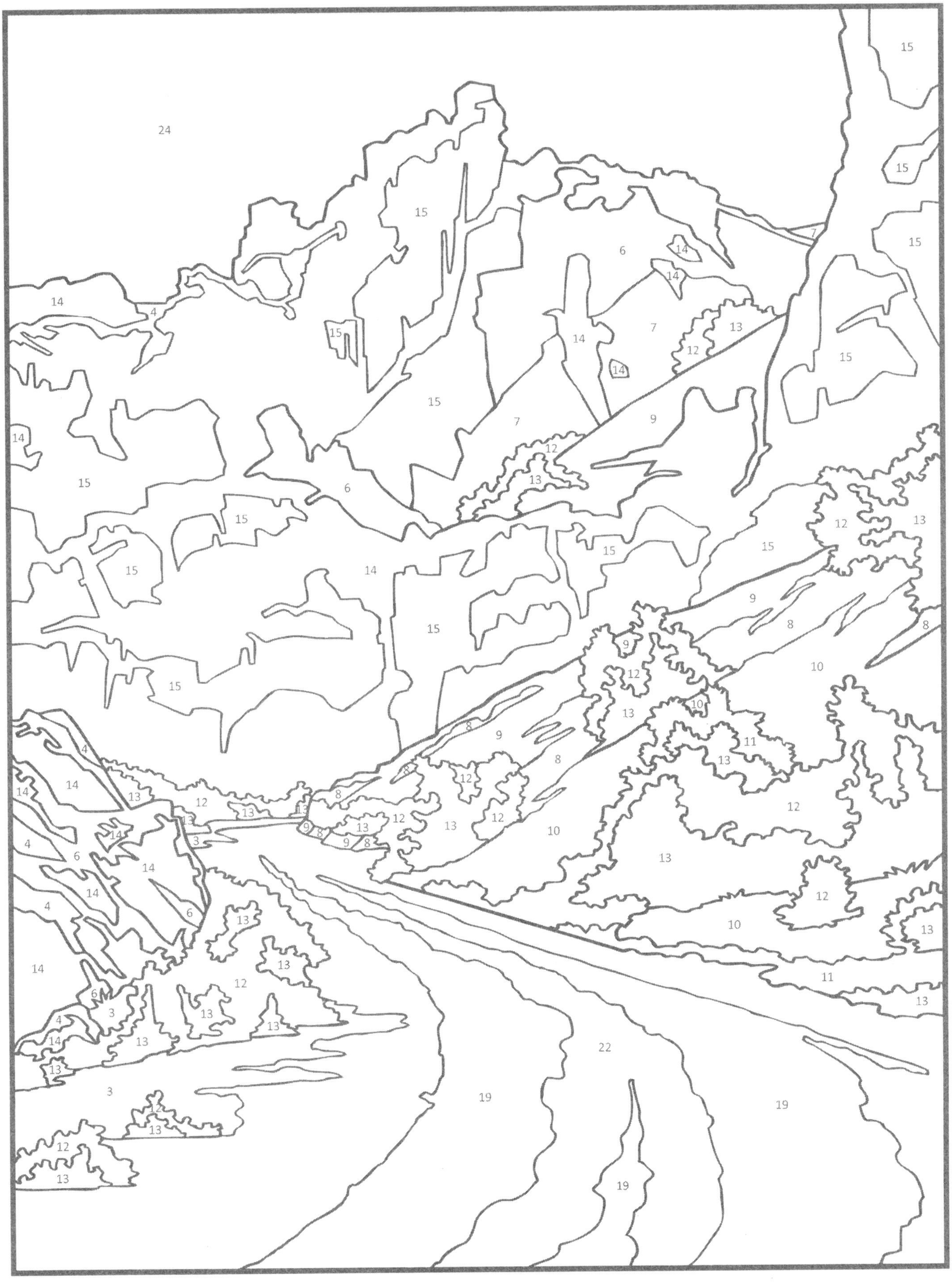

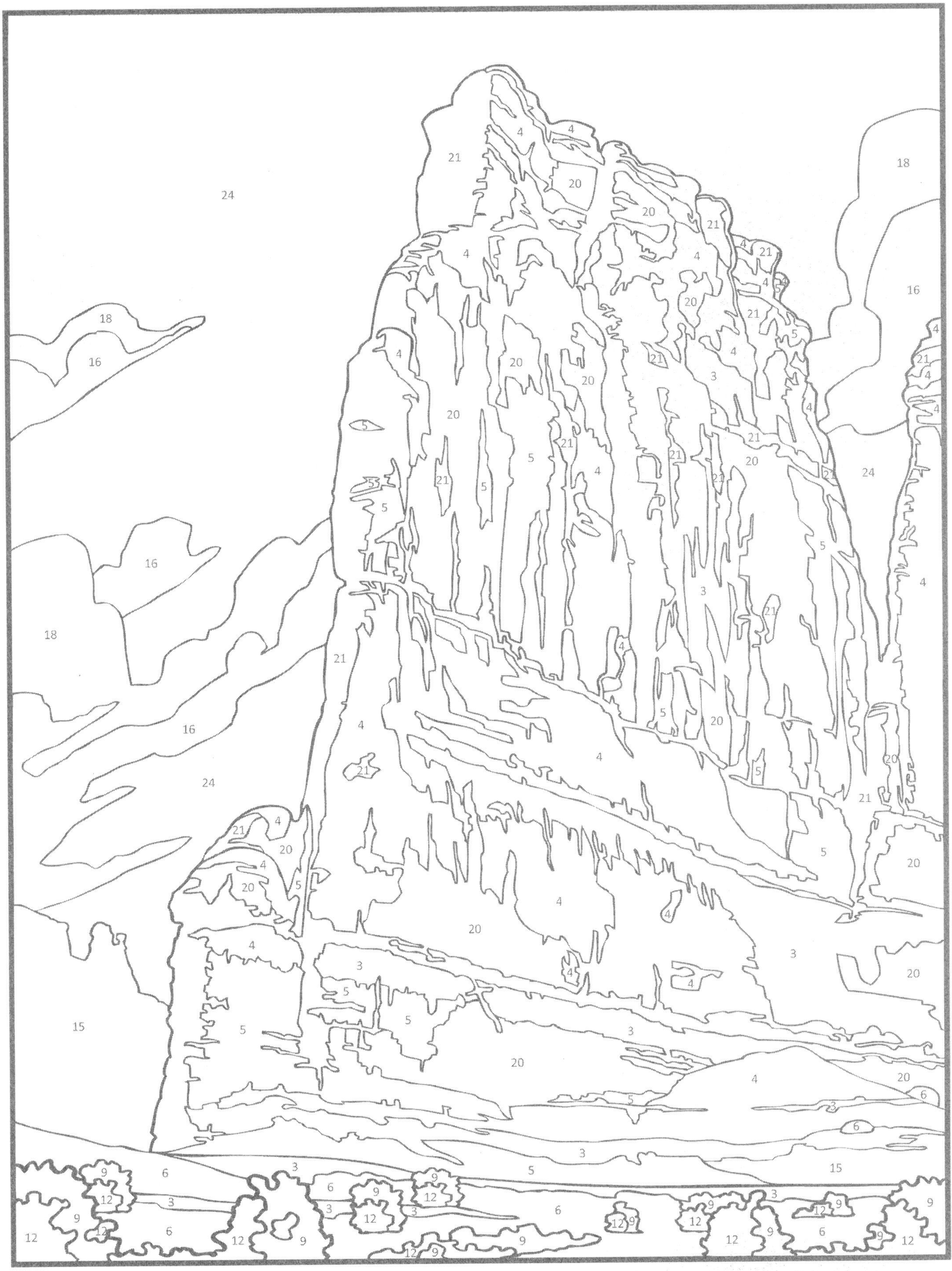

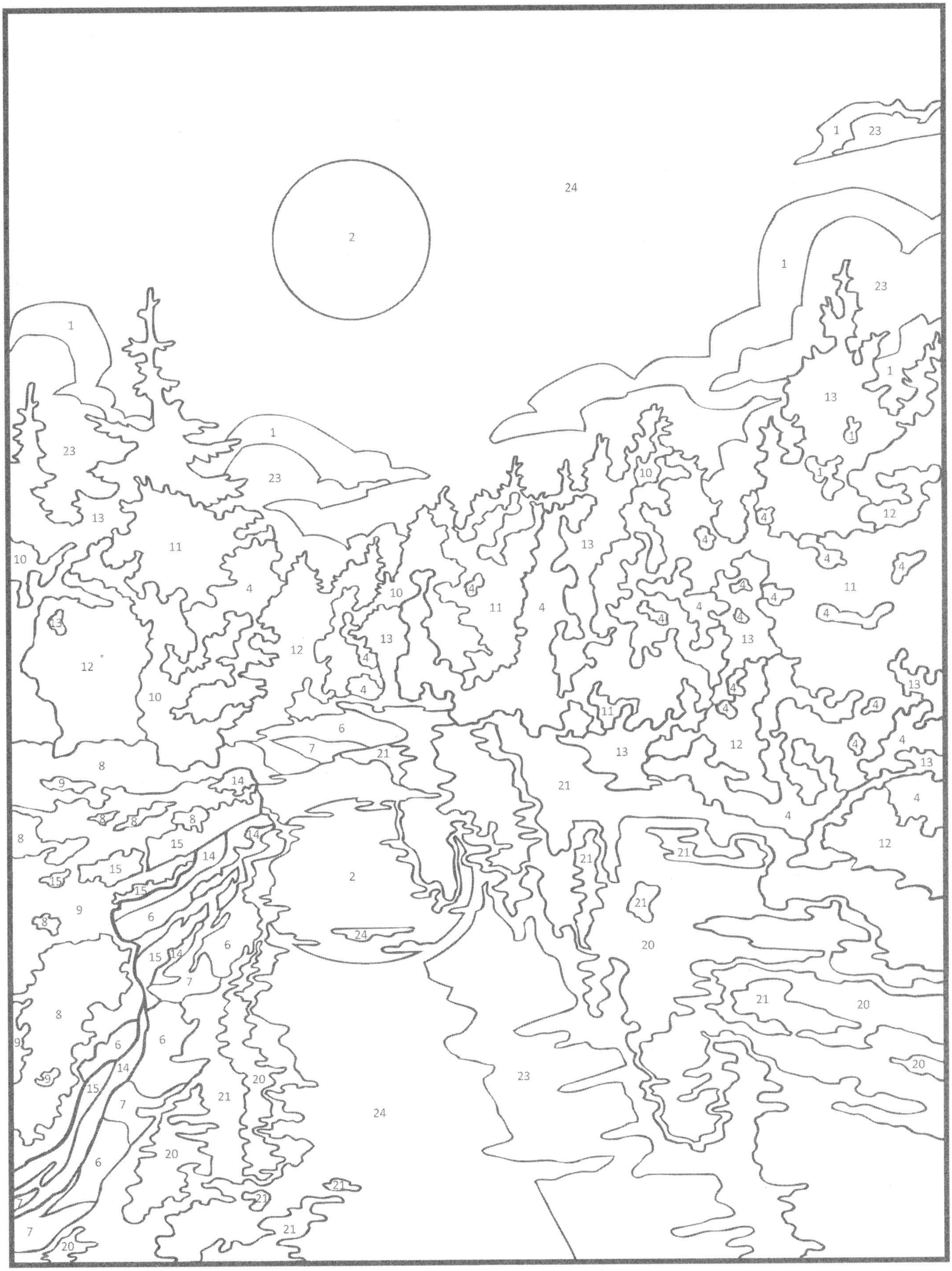

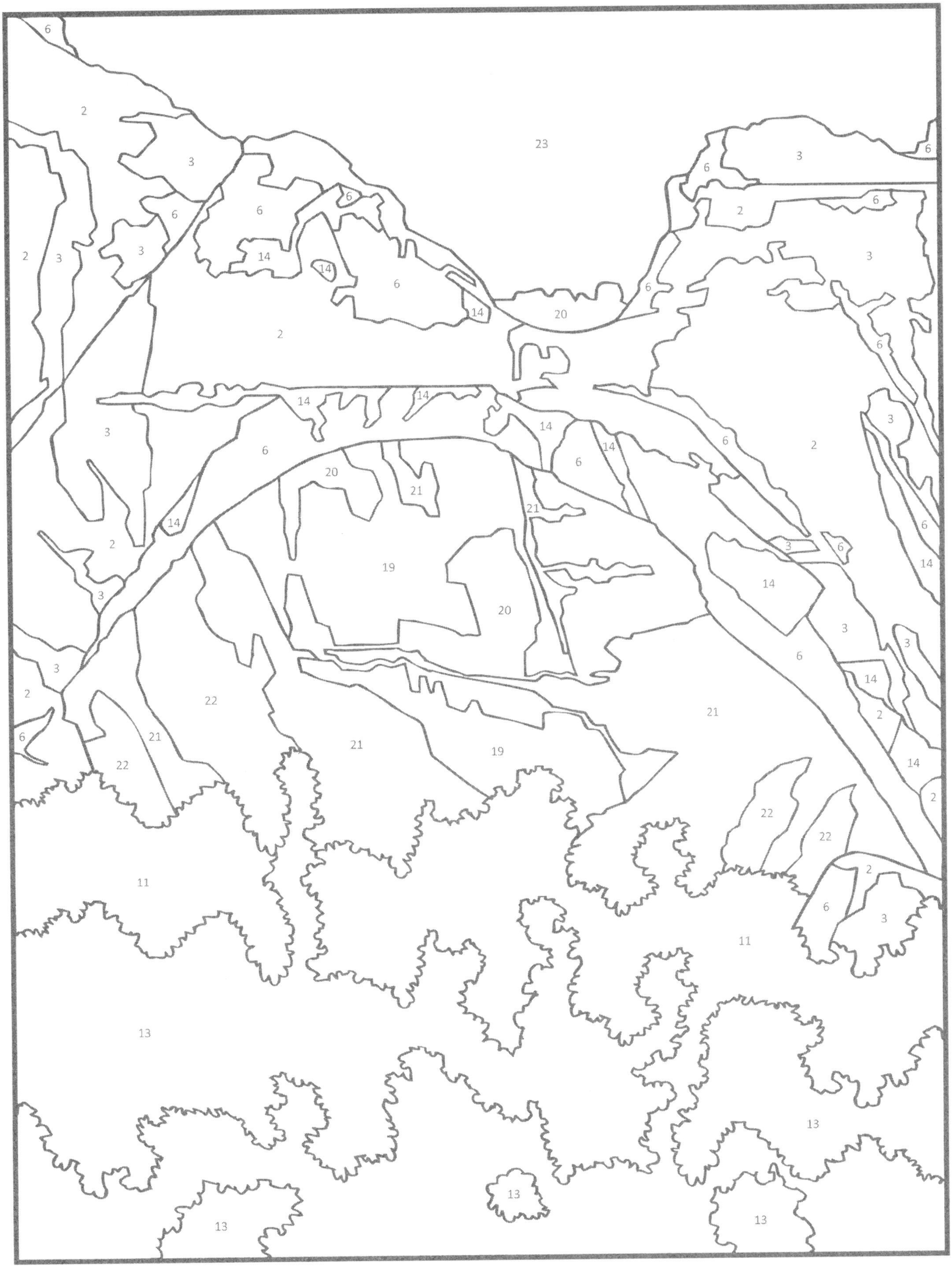
6
2
23
3
3
6
6
6
2
6
2
3
3
14
14
3
6
14
20
2
6
14
14
3
3
6
14
14
6
2
20
21
21
14
2
3
6
14
19
3
6
20
14
3
3
3
6
14
2
22
21
21
19
2
6
21
2
14
22
22
22
2
11
2
6
3
11
13
13
13
13
13

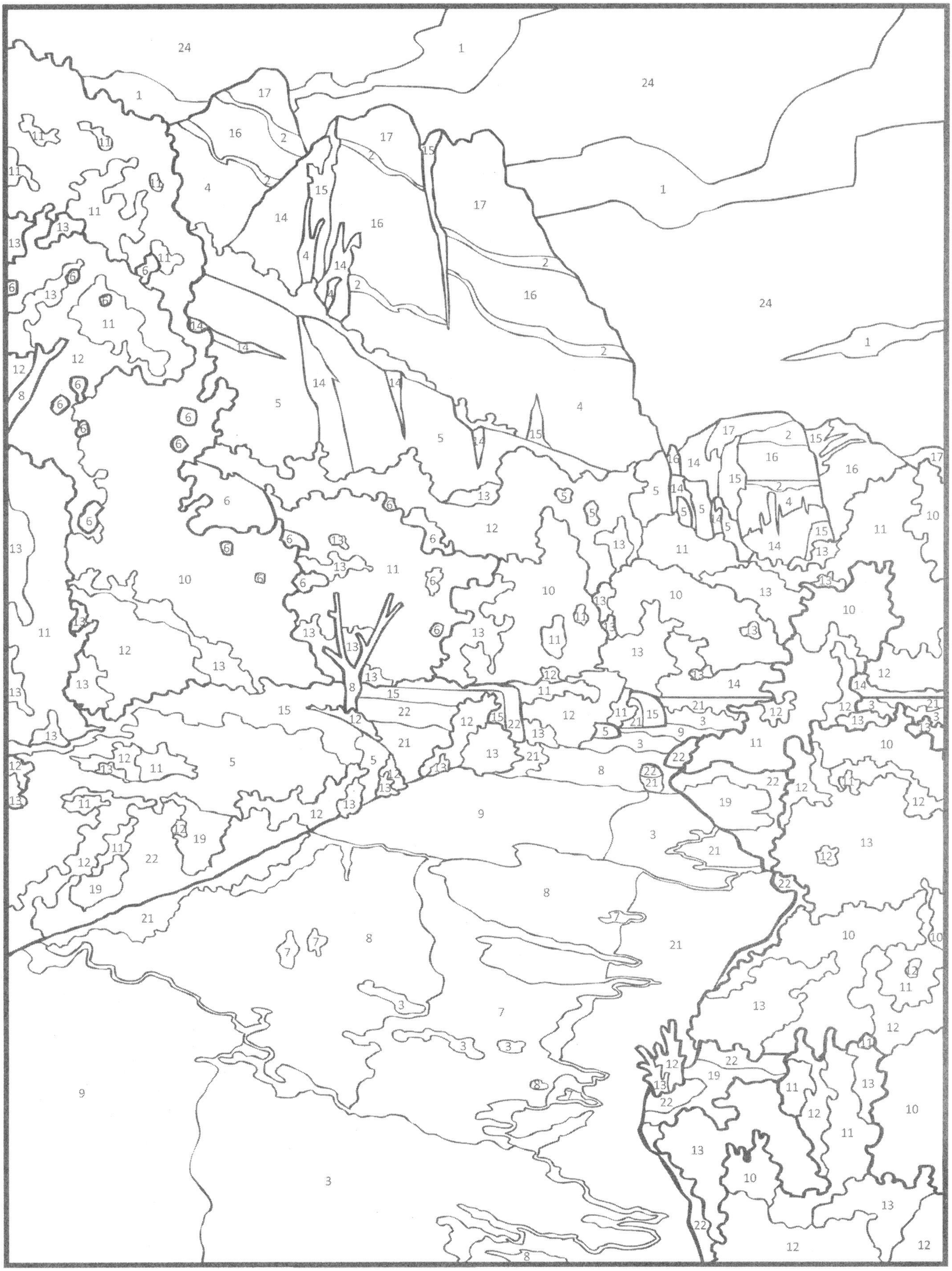

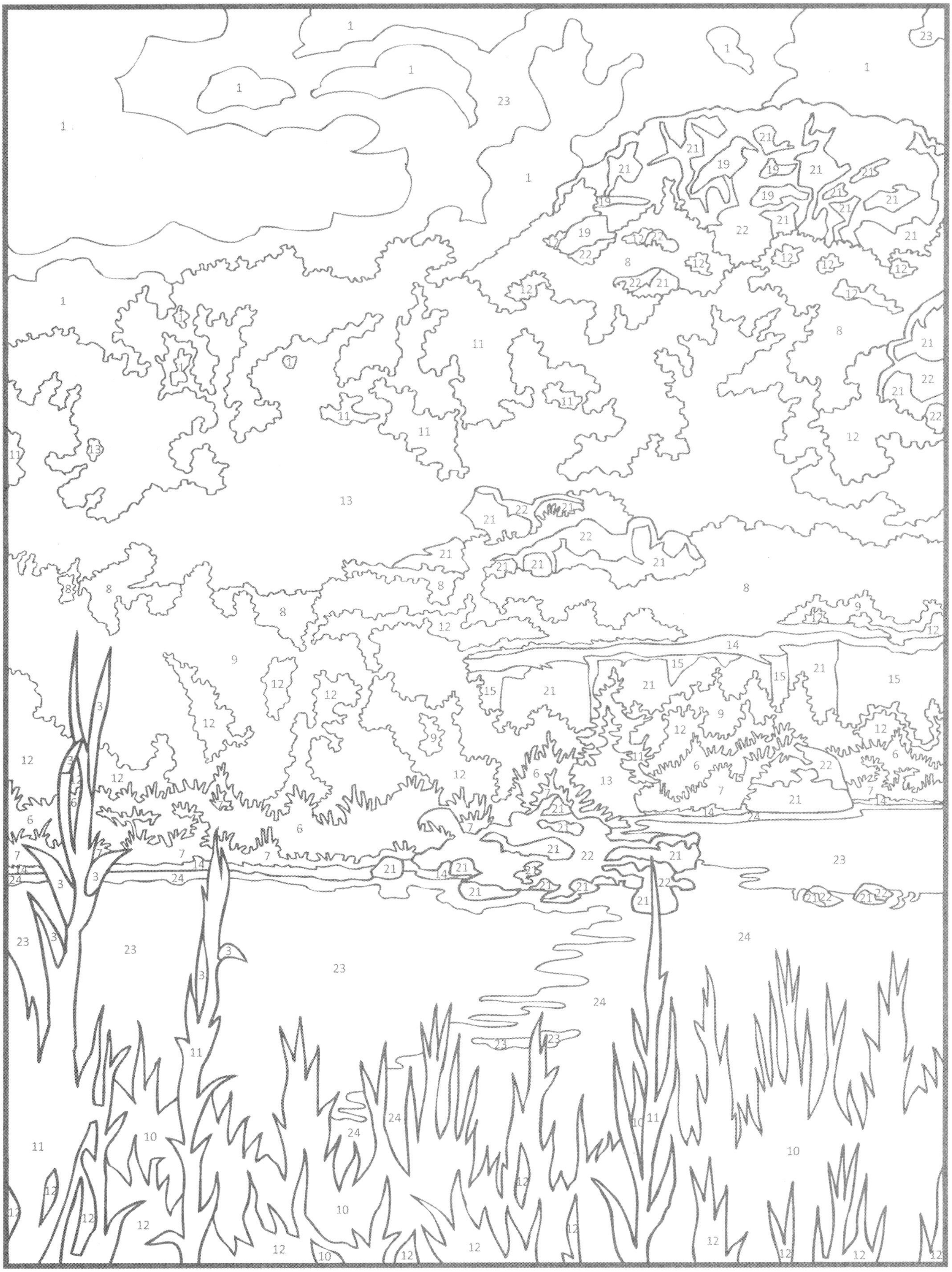

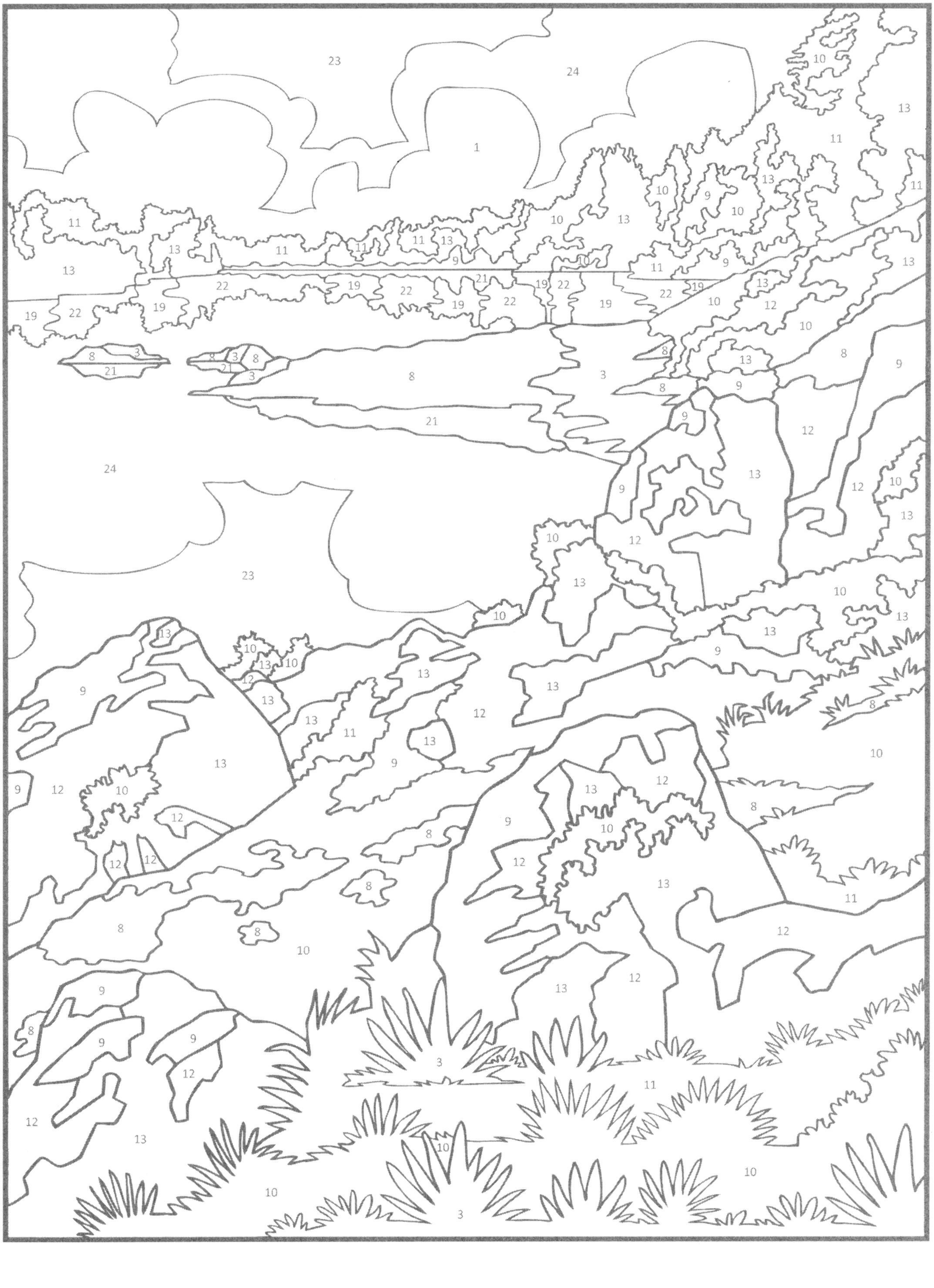

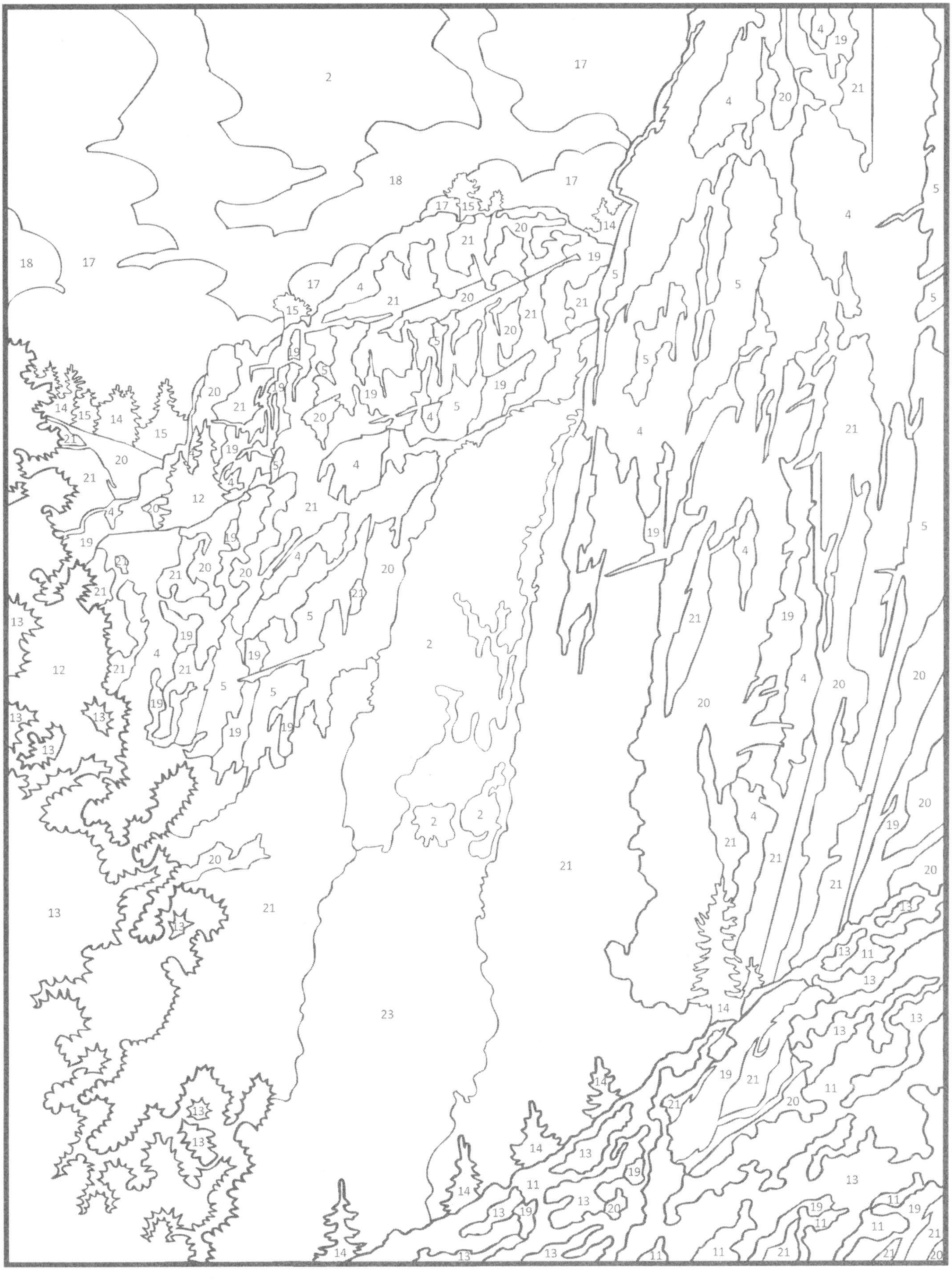